喜楽研の支援教育シリーズ

ゆっくり ていねいに 学びたい子のための

読解ワーク ぷらす 3年

企画・編著 ／ 原田 善造

本書の特色

同シリーズ、読解ワーク①・②の発刊以降に行われた教科書改訂にて、新たに採用された教材を主に掲載しています。

また、様々な文章の読解力をつけることができるように、弊社独自の文章も多数掲載しています。

ゆっくりていねいに、段階を追った学習ができます。

読み書きが苦手な子どもでも、ゆっくりていねいに段階を追って学習することができるよう、問題が作成されています。また、漢字が苦手な子どもでも学習意欲が減退しないように、問題文の全ての漢字にふりがなを記載しています。

どの子も理解できるよう、長文は短く切って掲載しています。

長い文章は読みとりやすいように、主に二つから四つに区切って、問題文と設問に、1、2…の番号をつけ、短い文章から読みとれるよう配慮しました。記述解答が必要な設問については、答えの一部をあらかじめ解答欄に記載しておきました。

豊かな内容が子どもたちの確かな学力づくりに役立ちます。

教科書の内容や構成を研究し、小学校の先生方や特別支援学級や支援教育担当の先生方のアドバイスをもとに問題を作成しています。

あたたかみのあるイラストで、楽しく学習できるよう工夫しています。

問題文に、わかりやすい説明イラストを掲載し、楽しく学習できるようにしました。また、文章理解の補助となるよう配慮しています。

ワークシートの説明・使い方

学習する児童の実態にあわせて、拡大してお使いください。

長い文章を読みとるのはむずかしいので、読みとりやすいように[1][2][3][4]などに文章を短く区切っています。

[1][2][3][4]は、上の文章の[1][2][3][4]にそれぞれ対応しているので、児童が解答を見つける際のヒントになります。

P6-39（一文・二文・三文・四文・五文の文章を掲載のワークシート）に、QR コードを載せています。ワークシートごとに PDF ファイルをダウンロードすることができます。
※ファイルの読み取りにはパスワードが必要です。パスワードは本書 P5 に記載されています。

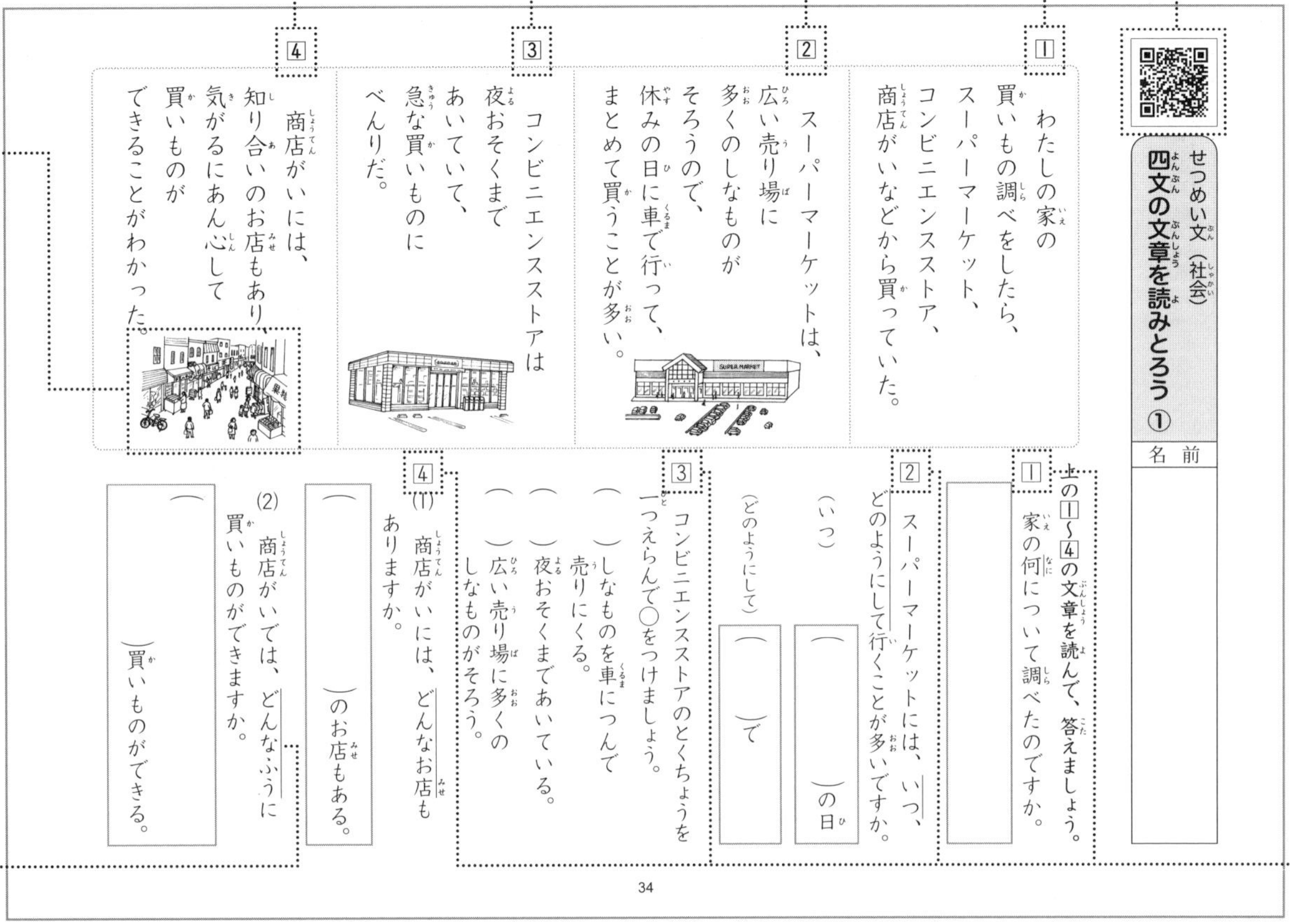
せつめい文（社会）
四文の文章を読みとろう ①
名前

[1] わたしの家の買いもの調べをしたら、スーパーマーケット、コンビニエンスストア、商店がいなどから買っていた。

[2] スーパーマーケットは、広い売り場に多くのしなものがそろうので、休みの日に車で行って、まとめて買うことが多い。

[3] コンビニエンスストアは夜おそくまであいていて、急な買いものにべんりだ。

[4] 商店がいには、知り合いのお店もあり、気がるにあん心して買いものができることがわかった。

上の[1]〜[4]の文章を読んで、答えましょう。

[1] 家の何について調べたのですか。

[2] スーパーマーケットには、いつ、どのようにして行くことが多いですか。
（いつ）（　　）の日
（どのようにして）（　　）で

[3] コンビニエンスストアのとくちょうを一つえらんで○をつけましょう。
（　）しなものを車につんで売りにくる。
（　）夜おそくまであいている。
（　）広い売り場に多くのしなものがそろう。

[4] (1) 商店がいには、どんなお店もありますか。
（　　）のお店もある。
(2) 商店がいでは、どんなふうに買いものができますか。
（　　）買いものができる。

34

問題文に対応した**イラスト**が描かれています。

ページによっては、読解の**支援**として、問題文や設問の中の言葉や文に傍線（サイドライン）が引いてあります。

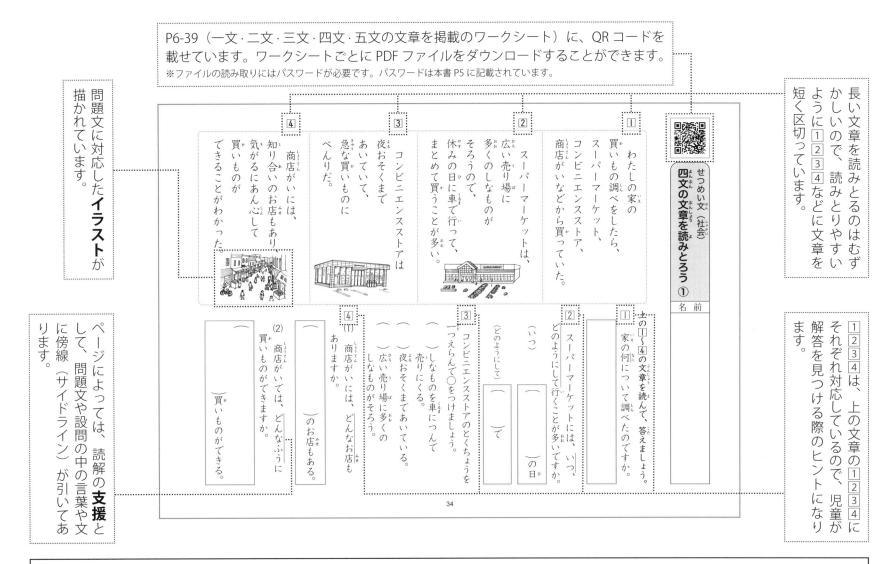

【指導にあたって】

- 上の文章の[1]を二回音読します。そのあと、下の[1]の設問に答えます。次に上の文章の[2]を２回音読します。そのあと、下の[2]の設問に答えます。[3][4][5]とある場合も同様に、それぞれ音読し、設問に答えます。設問を解き終えたら、最後にもう一度音読します。
- 詩・短歌・俳句の場合は、先に全体を二回音読します。次に[1]、[2]、…と分かれている場合は、それぞれに分けて音読し、設問に答えます。設問を解き終えたら、最後にもう一度音読します。

ゆっくり　ていねいに　学びたい子のための　**読解ワーク　ぷらす**　3年

もくじ

QR コンテンツについて

P6-P39（一文・二文・三文・四文・五文の文章）のワークシートの PDF ファイルをダウンロードしてご利用いただけます。

右の QR コードを読み取るか、下記の URL よりご利用ください。

URL：
https://d-kiraku.com/4231/4231index.html
ユーザー名：dokkai-pu3
パスワード：85z3JD

※各ページのQRコードからも、それぞれのPDFファイルを読み取ることができます。
※このユーザー名およびパスワードは、本書をご購入いただいた方に限りご利用いただけます。第三者への共有や転送は固くお断りいたします。また、教育目的で児童・生徒に共有される際は、授業を実施される先生・指導者がコンテンツをダウンロードし、ご利用くださいますようお願いいたします。
※上記 URL は、本書籍の販売終了時まで有効です。

物語

一文を読みとろう ①

名前

1

青い空に
大きな白い雲が、
ポッカリと
うかんでいました。

2

先週の土曜日、
雨がふったので、
あゆみさんは、妹と
友だちの ちあきさんの
三人でぬり絵をして
あそびました。

1 の文を読んで、答えましょう。

(1) 空は何色でしたか。

(2) どんな雲が、うかんでいましたか。

（　　　　）雲

(3) 雲は、どのようにうかんでいましたか。

□□□□と うかんでいました。

2 の文を読んで、答えましょう。

(1) いつのことですか。

(2) 友だちの名前を書きましょう。

(3) 三人で、何をしてあそびましたか。

物語（ものがたり）
一文（いちぶん）を読（よ）みとろう ②

名前

1

春になると、
かえるたちが
ねむっている土の上には、
あたたかい風が
さらさらと
ふき始めます。

1 の文を読んで、答えましょう。

(1) 風は、どこにふいていますか。

(2) さらさらとふき始めたのは、何ですか。

2

夏になると、七年間も
土の中ですごしてきた
セミのよう虫たちが、
夜になるのをまって、
木にのぼり始めました。

2 の文を読んで、答えましょう。

(1) セミのよう虫は、七年間、どこですごしてきましたか。

(2) セミのよう虫が、木にのぼり始めたのは、一日のうちのいつですか。

3

秋になってすずしくなると、
学校の近くの公園には、
ピンクや白色の
コスモスが
たくさんさきます。

3 の文を読んで、答えましょう。

(1) きせつはいつですか。

(2) コスモスはどこにさいていますか。

（　　　　）の近くの（　　　　）

物語

一文を読みとろう ③

名前

1

学校からの帰り、花子さんは、野原で、たくさんのシロツメクサを見つけました。

2

みさきさんは、妹のたん生日に、公園にさいていたシロツメクサで花わを作って、妹にあげました。

1の文を読んで、答えましょう。

(1) 花子さんは、何を見つけましたか。

たくさんの（　　　　）

(2) いつ、見つけましたか。

(3) どこで、見つけましたか。

2の文を読んで、答えましょう。

(1) みさきさんは、何をつかって、花わを作りましたか。

シロツメクサ（　　　　）

(2) みさきさんは花わを作って、どうしましたか。

(3) 妹に花わを作ってあげたのは、なぜですか。○をつけましょう。

（　）妹がほしがったから。

（　）妹のたん生日だったから。

物語

一文を読みとろう ④

名前

1

はるきさんは、はたけで
トウモロコシを育てるために、
まず、トウモロコシが
よく育つように土づくりを
しました。

2

アキさんは、
いとこのよしおさんから
メダカをもらったので、
すぐに水そうを用意しました。

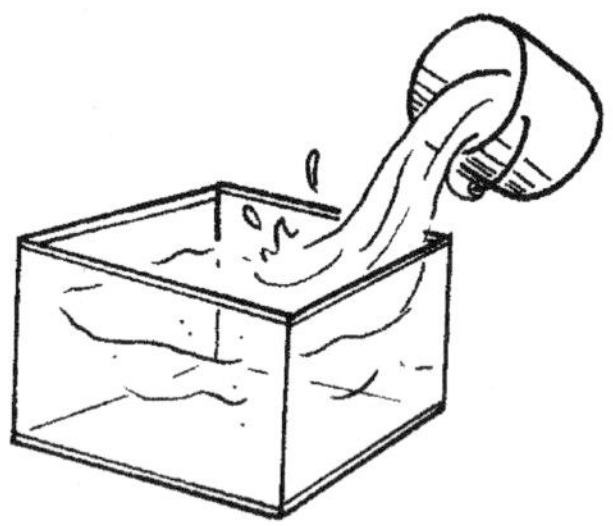

1 の文を読んで、答えましょう。

(1) はるきさんは、どこでトウモロコシを育てようとしていますか。

(2) はるきさんは、トウモロコシがよく育つように、まず、何をしましたか。

2 の文を読んで、答えましょう。

(1) アキさんは、だれから、何をもらったのですか。

(だれから)

(何を)

(2) アキさんがすぐに用意したものは、何でしたか。

物語

二文の文章を読みとろう ①

名前

1

きょうは、図工の時間に
うごく車を作ります。
わたしは、牛にゅうパックと
キャップと竹ひごを
用意しました。

2

学校から帰ると、
テーブルの上に、
お母さんからの手紙を
見つけました。
手紙には、きょうの
おやつのことが
書いてありました。

1の文章を読んで、答えましょう。

(1) きょう、図工の時間に作るものは何ですか。

(2) わたしが、用意したものは何ですか。三つ書きましょう。

2の文章を読んで、答えましょう。

(1) 学校から帰って、だれからの手紙を見つけましたか。

(2) 手紙には、どんなことが書いてありましたか。

物語

二文の文章を読みとろう②

名前

1

わたしは、お父さんと
小鳥のすばこを作って、
にわの木にかけました。
うまく、小鳥がすみついて、
たまごをうんでくれると
いいなと思います。

2

明るかった空が
きゅうにくらくなり、
大つぶの雨がふってきました。
しおれかけて
元気のなかったあじさいが、
生き生きとして
きました。

1 の文章を読んで、答えましょう。

(1) わたしは、お父さんと何を作りましたか。

（　　）の（　　）

(2) すばこを、どこにかけましたか。

（　　）

(3) わたしが、いいなと思っていることに○をつけましょう。

（　）すばこがうまく作れること。

（　）小鳥がすみついて、たまごをうむこと。

2 の文章を読んで、答えましょう。

(1) 明るかった空が、どうなりましたか。

きゅうに（　　）なり、
（　　）がふってきました。

(2) あじさいは、どのようにかわりましたか。

（　　）かけて、
（　　）のなかったあじさいが
（　　）としてきました。

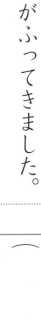

物語　二文の文章を読みとろう ③

名前

1

まさきは、わき目もふらずに
こうこくの紙で
ひこうきをおっています。
少しでも長い間
とびつづけるひこうきを
作ってみたかったからです。

※わき目もふらず…ほかのことには心を向けずに、一つのことをいっしょうけんめいにするようす。

2

こうたの家の
げんかんのたなの上には、
メダカをかっている水そうが
おいてあります。
二月に見たときには、
メダカは三びきでしたが、
たまごがかえって
今は、五ひきに
ふえています。

1 の文章を読んで、答えましょう。

(1) まさきは、どんな様子で紙ひこうきをおっていますか。○をつけましょう。

（　）ときどき休けいしながらおっている。

（　）わき目もふらずにおっている。

(2) まさきが、わき目もふらずにひこうきをおっているのは、なぜですか。

2 の文章を読んで、答えましょう。

(1) こうたの家では、どこでメダカをかっていますか。

げんかんの（　　　）の上にある（　　　）

(2) メダカの数が三びきから五ひきにふえたのは、なぜですか。

（　　　）がかえったから。

物語

二文の文章を読みとろう④

名前

1

かおりは、ひとりぼっちのときに、二かいのまどから遠くの山のけしきを見るのがすきでした。そして、遠くの山に登ってみたいと思っていました。

1の文章を読んで、答えましょう。

(1) かおりは、どんなときに、どこから遠くのけしきを見るのがすきですか。

(どんなとき)

（　　　　　　）のとき

(どこから)

（　　　　　　）から

(2) かおりは、どこへ登ってみたいと思っていましたか。

2

朝から雨がふっている日、でんでん虫がへいの上を歩いて、あじさいの木へ向かっていました。するとちょうど、そこへとなりのねこが向こうから、へいの上のでんでん虫の方へやって来ました。

2の文章を読んで、答えましょう。

(1) でんでん虫が歩いているのは、どこですか。

(2) でんでん虫は、どこへ向かっているのですか。

(3) 向こうからやって来たのは、何ですか。

物語

二文の文章を読みとろう⑤

名前

1

　たくやさんのクラスで、グループごとに、ひとつの野さいを育てることになりました。

　たくやさんのグループでは、ナスやキュウリがいいという意見も出ましたが、話し合いのけっか、育てるのはミニトマトに決まりました。

2

　りえさんのグループでは、キュウリを二かぶ、なえから育てることになり、まず、畑の土に、ポットと同じくらいの大きさのあなをほりました。

　そのあなに水を入れ、そこへキュウリのなえを入れたあと、まわりの土をかるくおさえて、じょうろでまた水をやりました。

1の文章を読んで、答えましょう。

(1) たくやさんのクラスで、グループごとに、何を育てることになりましたか。

(2) たくやさんのグループで、育てることになったのは、何ですか。

(3) (2)の野さいを育てることになったのは、どのようにして決まったのですか。○をつけましょう。

（　）グループで話し合って、決めた。

（　）たくやさんが、決めた。

2の文章を読んで、答えましょう。

(1) りえさんのグループで、育てることになったのは、何という野さいですか。

(2) キュウリのなえを植えるじゅんばんになるように、1〜4の番号を（　）に書きましょう。

（　）キュウリのなえをあなに入れる。

（　）畑の土に、ポットと同じくらいの大きさのあなをほる。

（2）ほったあなに、水を入れる。

（　）まわりの土をかるくおさえ、水をやる。

物語

三文の文章を読みとろう①

名前

1

二学期の終わりに
三年二組で、お楽しみ会を
することになりました。

2

きのうの
六時間目の学級会で、
ぼくたちはどんな
お楽しみ会にするか、
話し合いました。

3

クラスのみんなから、
クイズ大会、
歌合せん、
魚つりゲーム、
ドッジボール大会などの
意見が出ましたが、
ぼくは、みんな
歌が上手なので
歌合せんがいいなと
思いました。

上の1～3の文章を読んで、答えましょう。
（習っていない漢字は、ひらがなで書きましょう。）

1 (1) お楽しみ会は、いつすることに
なりましたか。

(2) 何年何組でお楽しみ会をしますか。

2 学級会は、いつ、どんな話し合いを
しましたか。

（いつ）
（　　　　）の
（　　　　）

（どんな）
どんな
（　　　　）に
するか。

3 (1) ぼくがいいなと思ったのは、
何ですか。

(2) ぼくが、(1)のことをいいなと
思ったのは、なぜですか。

みんな（　　　　）
だから。

物語

三文の文章を読みとろう ②

名前

1

うっそうとした
森をぬけた先に、
みどりの草原が
あたり一面に
広がっていました。

2

草原には、
白い小さな花が
ところどころに
ひっそりと
さいています。

3

あその中を
まがりくねった
細い道が一本
町に向かって
つづいていました。

上の1〜3の文章を読んで、答えましょう。

1 (1) どんな森ですか。

（　　　　）とした森

(2) 森をぬけた先には、何がありましたか。

2 草原にさいていたのは、どんな花ですか。一つに○をつけましょう。

（　）赤い大きな花
（　）白い小さな花
（　）赤い小さな花
（　）白い大きな花

3 (1) あそのは、何をあらわしていますか。一つに○をつけましょう。

（　）森
（　）草原
（　）町

(2) どんな道が一本、どこに向かってつづいていましたか。

（どんな道）

（どこに向かって）

（　　　　）に向かって

物語

三文の文章を読みとろう ③

名前

1

うすぐらいゆかの下で、
クモは、コオロギに
なやみを話しました。

2

㋐「ぼくは、部屋の中にいる虫を
食べているだけなのに、
人間はどうしてぼくのことを
きらうのだろう。」

3

コオロギは、
「ぼくのようにコロロコロロコロロと
いい声で鳴けば、
人間にすかれるように
なると思うよ。」
と言いました。

上の1～3の文章を読んで、答えましょう。

1

(1) クモとコオロギは、どこで話をしていますか。

(2) クモは、コオロギに何を話しましたか。

2

(1) ㋐はだれの言葉ですか。

(2) クモは、どんななやみを話しましたか。○をつけましょう。

（　）部屋の中の虫を食べるには、どうすればいいのか。

（　）人間はどうして自分をきらうのだろうか。

3

(1) コオロギは、いい声で何と鳴いていると言っていますか。

(2) コオロギは、クモがいい声で鳴けば、どのようになると思っていますか。

（　　　　　　）ようになる。

物語

三文の文章を読みとろう ④

名前

1

めいの家では、ゴールデンレトリバーというしゅるいの大がた犬を、家の中でかっています。

2

めいのお母さんが、家の中で大がた犬をかってみたかったという子どものころからのゆめをかなえたのです。

3

めいがおやつのクッキーが大すきだったので、めいは、犬の名前をクッキーと名づけました。

上の1~3の文章を読んで、答えましょう。

1

(1) めいの家でかっている大がた犬のしゅるいは、何ですか。

(2) どこでかっていますか。

2

(1) だれのゆめをかなえたのですか。

(2) どんなゆめをかなえたのですか。

（　　　　）の中で

（　　　　）を

かってみたかった。

3

(1) だれが、犬の名前をつけましたか。

(2) 犬の名前をクッキーとしたのは、なぜですか。

物語

四文の文章を読みとろう①

名前

1

一月にマラソン大会があるので、お兄ちゃんといっしょに、近くの川のていぼうに走りに行きました。

2

お兄ちゃんと走っていると、りくくんと まさくんが来たので、いっしょに走りました。

3

りくくんは、サッカークラブの練習でいつも走っているので、たくさん走ってもとても元気でした。

4

長いきょりを走ったあと、ぼくは、あせをかきましたが、川からの風がふいてきて気持ちよかったです。

上の1～4の文章を読んで、答えましょう。

1 ていぼうに走りに行ったのは、なぜですか。

2 (1) お兄ちゃんと走っていると、だれとだれが来ましたか。

(2) みんなで何人で走りましたか。

3 (1) たくさん走っても元気だったのはだれですか。

(2) りくくんは、たくさん走っても、どんなようすでしたか。

4 ぼくが気持ちよかったのは、なぜですか。

（　　　　）きたから。

物語

四文の文章を読みとろう ②

名前

1

わたしとゆいなさんは、大のなかよしですが、ときどきケンカもしてしまいます。

2

きのうも、わたしのだいじな人形を、ゆいなさんが、だまってさわっていました。

3

あ「かってにさわらないでよ。」

い「少しぐらい、いいじゃないの。」

と、ケンカになりました。

4

でも、いつも、なんとなくなかなおりをしてしまうのです。

上の1～4の文章を読んで、答えましょう。

1 わたしとゆいなさんのかんけいで、あてはまるもの一つに○をつけましょう。

（　）いつもケンカばかりしている。

（　）ときどきケンカもしてしまう。

（　）ケンカはしたことがない。

2 ゆいなさんは、何をさわっていたのですか。漢字二文字で答えましょう。

3 あ、いは、だれが言った言葉ですか。

あ

い

4 ふたりは、いつも、どのようになかなおりをしますか。あてはまるもの一つに○をつけましょう。

（　）なんとなく。

（　）おたがいにあやまって。

（　）勝ち負けがはっきりして。

物語

四文の文章を読みとろう③

名前

1

ぐらぐらと地しんが
おきたのは、
十二月八日六時三十二分、
日の出前の
暗いときでした。

2

地しんで目がさめた ほのかは、
おそろしくて声も出せないで、
ゆれがおさまるまで
ふとんの中で
ちぢこまっていました。

3

ほのかは、ゆれが
おさまってから、やっと、
落ち着いて行動しなくてはと
考えることができました。

4

小さな地しんだったので、
たなから物が落ちたり、
ガラスがわれたりすることも
㋐ありませんでしたが、
ほのかは、地しんは
こわいと思いました。

上の1～4の文章を読んで、答えましょう。
（習っていない漢字は、ひらがなで書きましょう。）

1 地しんがおきたのは、いつでしたか。
日づけと時こくを書きましょう。

2 (1) 目がさめた ほのかは、どうなりましたか。○をつけましょう。

（　）おそろしくて声も出せなかった。
（　）おそろしくて大声を出した。

(2) 地しんのゆれがおさまるまで、ほのかは、どのようにしていましたか。

3 ゆれがおさまってから、ほのかは、やっと、どう考えることができましたか。

（　　　　）と
考えることができました。

4 小さな地しんだったので、どんなことが㋐ありませんでしたか。
文中から書き出しましょう。

物語（ものがたり）

四文の文章を読みとろう ④

名前

かおるは、「夏休み　にんじゃ道場」という
ポスターを見て、
行ってみることに
しました。

2

道場へ行くと、ひげを長く
のばして黒いふくをきた
おじいさんの先生と、
かおると同じようにポスターを見て
やってきた小学生が二人いました。

3

にんじゃ道場では三週間の間、
音を立てずにすばやく走る
じゅつや、かくれ身のじゅつの
しゅぎょうをしました。

4

かおるは、にんじゃ道場へ
行ったおかげで、
ドッジボールでは
すばやくにげることができ、
かくれんぼでは
上手に
かくれることが
できるように
なりました。

上の1～4の文章を読んで、答えましょう。

1　かおるは、にんじゃ道場があることを何で知りましたか。

2　にんじゃ道場の先生は、どんな人でしたか。

3　にんじゃ道場では、どんなじゅつのしゅぎょうをしましたか。二つ書きましょう。
（習っていない漢字は、ひらがなで書きましょう。）

4　かおるがにんじゃ道場へ行って、できるようになったことは何ですか。

● ドッジボールでは
（　　　　　　　　）こと。

● かくれんぼでは
（　　　　　　　　）こと。

物語

五文の文章を読みとろう

名前

1 運動会で、三年生は八十メートル走と、大玉ころがしと、リズム体そうに出場しました。

2 みなとは、八十メートル走を、四人で走って二ちゃくでした。

3 大玉ころがしは、赤組が勝ったので、みなとはとてもくやしがりました。

4 リズム体そうは、両手に赤色と白色のはたを一本ずつ持って、おどりました。

5 どのしゅもくも力いっぱいがんばりました。

上の1～5の文章を読んで、答えましょう。

1 運動会で、三年生は、何に出場しましたか。三つ書きましょう。

2 八十メートル走で、みなとは、何ちゃくでしたか。

3 みなとは、何組ですか。○をつけましょう。

（　）赤組　（　）白組

4 リズム体そうは、両手に何を持っておどりましたか。

5 力いっぱいがんばったのは、どのしゅもくですか。一つに○をつけましょう。

（　）大玉ころがしをいちばんがんばった。

（　）リズム体そうをいちばんがんばった。

（　）ぜんぶのしゅもくをがんばった。

せつめい文（社会）

一文を読みとろう

名前

1

わたしたちの町には、
町の中心に鉄道の駅があり、
駅前には、
スーパーマーケットや
大きなびょういんが
あります。

2

ぼくの家の前の
大きな公園は、
すな場で遊んでいる子や、
すべり台で遊んでいる子、
広場でじゃんけん
ゲームをしている
子どもたちがいて、
とてもにぎやかです。

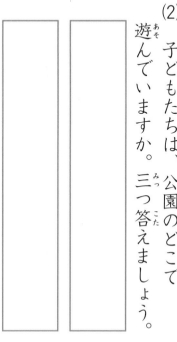

1 の文を読んで、答えましょう。

(1) わたしたちの町の中心には、何がありますか。一つに○をつけましょう。

（　）バスのていりゅうじょ

（　）鉄道の駅

（　）公園

(2) 駅前には、何がありますか。

2 の文を読んで、答えましょう。

(1) 大きな公園は、どこにありますか。

ぼくの（　　　　）

(2) 子どもたちは、公園のどこで遊んでいますか。三つ答えましょう。

せつめい文（社会）

二文の文章を読みとろう①

名前

1

方位を調べるときは、方位じしんを使います。はりに色がついている方が北をさし、その反対がわが南になります。

※方位…東・西・南・北などの向き。
※方位じしん…じしゃくのはたらきを使って、方位を調べる道具。

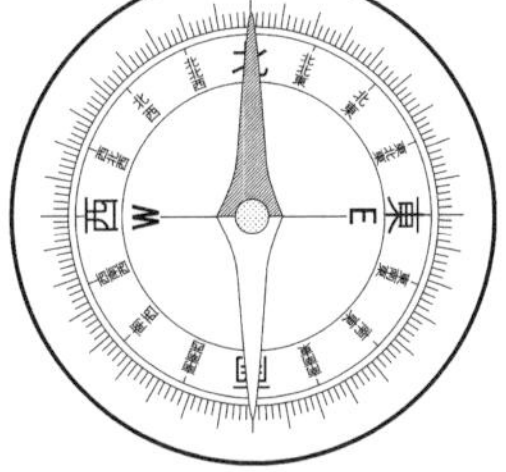

2

地図記号を使って、たてものや土地のようすを表すと、だれでもわかる地図になります。神社はとりいの形、学校は「文」の文字、田はいねのきりかぶの形で表されます。

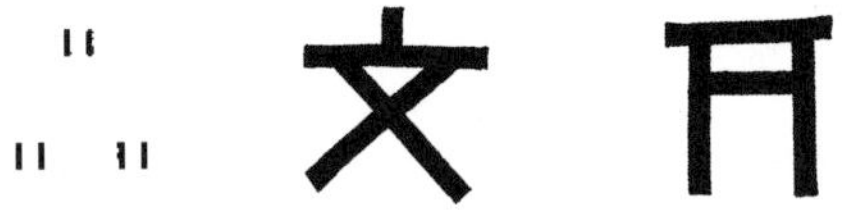

1の文章を読んで、答えましょう。

(1) 方位を調べるときは、何を使いますか。ひらがな六文字で答えましょう。

□□□□□□

(2) はりに色がついている方がさしているのは、どの方角ですか。一つに○をつけましょう。

（　）南　（　）西　（　）北

(3) 北の反対がわは、どの方角ですか。一つに○をつけましょう。

（　）南　（　）東　（　）西

2の文章を読んで、答えましょう。

(1) 何を使って表すと、だれでもわかる地図になりますか。

□□□□

(2) 次の形の地図記号は、何を表していますか。——線でむすびましょう。

① 「文」の文字 ・　　・ 田
② いねのきりかぶ ・　　・ 神社
③ とりい ・　　・ 学校

せつめい文（理科）

二文の文章を読みとろう②

名前

1

五月の池をのぞいて見ると、
たまごからかえった
オタマジャクシが
数えきれないほど
泳いでいることが
あります。
　オタマジャクシは、
やわらかい水草を食べて
大きくなり、
やがてカエルになります。

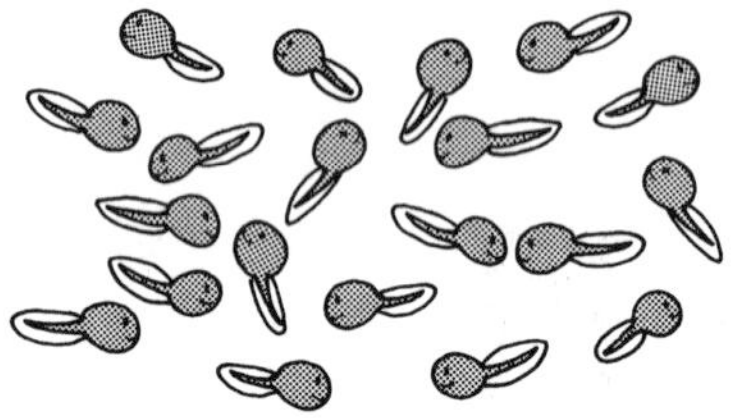

1の文章を読んで、答えましょう。

(1) オタマジャクシになる前は、何だったのですか。

(2) オタマジャクシは、何を食べて大きくなりますか。

(3) オタマジャクシは、やがて何になりますか。

2

　生まれたときから
すみかが決まっていて、
一生をあさい海ですごす
魚がいます。
　あさい海には、岩のわれめや
海草の中など、
かくれがに
なるところが
たくさんあり、
それらが魚のすみかと
なるのです。

2の文章を読んで、答えましょう。

(1) どんな魚のことが書いてありますか。

一生を（　　　　）で
すごす魚

(2) 魚のかくれがになるのは、どんなところですか。二つ書きましょう。

せつめい文（理科）

二文の文章を読みとろう ③

名前

1

やさいや草花を育てるとき、春にたねをまくものと、秋にたねをまくものとがあります。

そして、春にたねをまいたり、なえを植えたりするやさいには、トマトやナス、キュウリ、ニガウリなどがあり、㋐これらは夏にとれるので、夏やさいともよばれています。

2

やさいや草花には、春にたねをまくものが多いのですが、秋のころにたねをまいて育てるやさいもあります。

そのひとつがダイコンで、冬に大きく育った根にあたるところを食べるのですが、ぬかずにそのまま育てると、やがて春には花もさいて、またダイコンの実やたねができるのです。

1 の文章を読んで、答えましょう。

(1) 春にたねをまいたり、なえを植えたりするやさいには、どのようなものがありますか。やさいの名前を四つ書きましょう。

(2) ㋐これらのやさいが、夏やさいとよばれているのは、どうしてですか。

（　　　　）やさいだから。

2 の文章を読んで、答えましょう。

(1) ダイコンは、どんなところを食べますか。

（習っていない漢字は、ひらがなで書きましょう。）

（　　　　）にあたるところ

(2) 2 の文章の内ように合う文二つに○をつけましょう。

（　）ダイコンは秋にたねをまく。

（　）ダイコンは春にたねをまく。

（　）ダイコンをぬかずにそのまま育てると、やがて春には花がさく。

せつめい文（音楽）

二文の文章を読みとろう④

名前

1・2の文章を読んで、答えましょう。

（習っていない漢字は、ひらがなで書きましょう。）

1

グループになり、
手びょうしをして、
リズム作りをします。
かんせいするまで、
何度もくりかえし
練習し、
さいごには
みんなの前で
発表しましょう。

2

音ぷとは、音の長さや高さを
あらわす記号で、全音ぷや、
二分音ぷ、四分音ぷなどの
しゅるいがあります。

二分音ぷは、全音ぷの半分の
長さ、四分音ぷは、全音ぷの
四分の一の長さで
えんそうされる音ぷです。

𝅝	全音ぷ
𝅗𝅥	二分音ぷ
♩	四分音ぷ

1

(1) 何をして、リズム作りをしますか。

(2) かんせいするまでにすることは、何ですか。

(3) さいごには、どうしますか。

2

(1) 音ぷとは、音の何をあらわす記号ですか。二つに○をつけましょう。

（　）大きさ　（　）長さ　（　）高さ

(2) どんな音ぷのしゅるいがありますか。三つ書きましょう。

(3) 二分音ぷは、全音ぷのどれくらいの長さでえんそうされる音ぷですか。

（　　　　）の長さ

せつめい文（社会）

三文の文章を読みとろう①

名前

1

農家では、作物のしゅうかくをふやすために、さまざまなくふうをしています。

※しゅうかく…作物を取り入れること。また、取り入れたもの。

2

びょう気やがい虫から作物を守るために、農薬を使います。

3

農薬は、使いすぎるとよくないので、がい虫を食べる虫やざっ草を食べるあいがもなども使います。

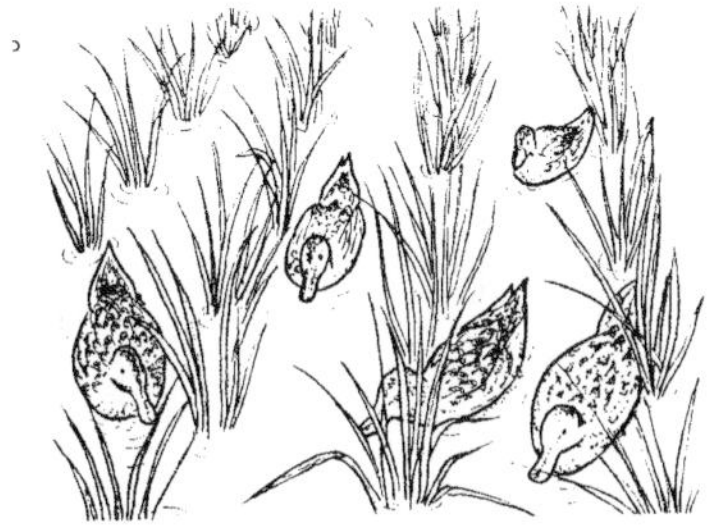

※あいがも…マガモとアヒルの間に生まれた、鳥のなかま。

上の1～3の文章を読んで、答えましょう。

1 農家は、何のためにくふうをしていますか。

作物のしゅうかくを（　　　　）ため。

2 何から作物を守るために、農薬を使うのですか。一つに○をつけましょう。

（　）びょうきやがい虫

（　）水ぶそく

（　）台風や大雨

3 (1) 農薬の使い方について、正しい方に○をつけましょう。

（　）できるだけ多く使うのがよい。

（　）使いすぎるとよくない。

(2) 農薬のほかに、何を使いますか。二つ書きましょう。

がい虫を食べる（　　　　）

ざっ草を食べる（　　　　）

せつめい文（理科）

三文の文章を読みとろう②

名前

1 くらやみでも よく見える目をもつねこは、明るさによって 目のひとみの大きさをかえて、目に入る光のりょうを ちょうせつすることが できます。

2 夜には、ひとみが 大きく広がって、ねこは、少しの光でも ものが見えるように なります。

3 反対に、昼のひとみは、たてに細長くなり、強い光がたくさん 入らないように しているので、ねこは活動できるのです。

上の1～3の文章を読んで、答えましょう。

1
(1) ねこは、どんな目をもっていますか。

(2) ねこは、何をかえて、目に入る光のりょうをちょうせつしていますか。

2
(1) ねこのひとみが大きく広がるのは、いつですか。○をつけましょう。

（　）くらい夜

（　）明るい昼

(2) ねこのひとみが大きく広がると、ねこの見え方はどのようになりますか。

（　　　　）でも（　　　　）ようになる。

3 昼のひとみの形は、どうなっていますか。

せつめい文（理科）

三文の文章を読みとろう ③

名前

1

カブトムシやクワガタムシのせい虫には、いろいろな大きさのものがいます。

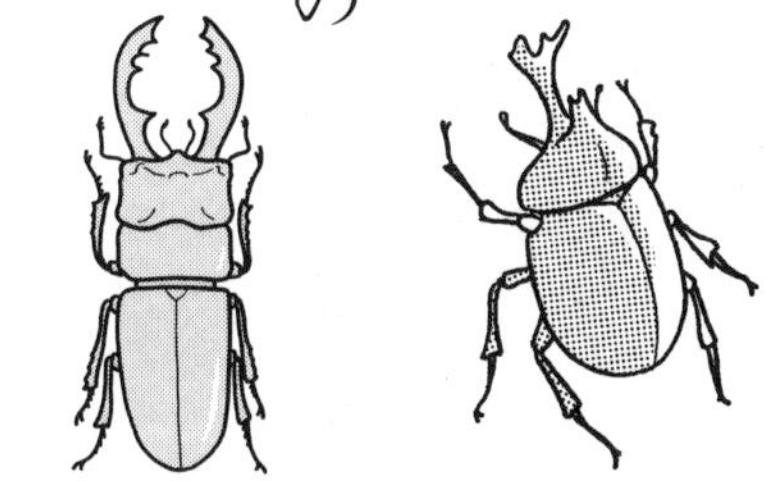

2

では、同じ虫なのに、どうして大きなものや小さいものなど、体の大きさのちがうものがいるのでしょうか。

3

それは、せい虫の体の大きさには、よう虫のときの食べ方が㋐かんけいしていて、食べ物をたくさん食べたよう虫ほど、さなぎになったあと、大きなせい虫になって出てくるのです。

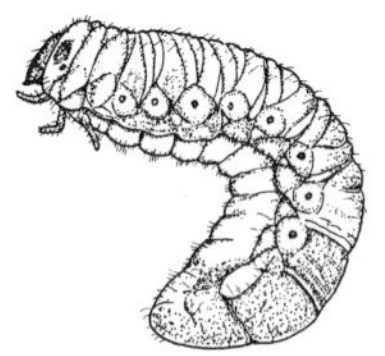

※かんけいしている…つながりがあること。むすびついていること。

上の1～3の文章を読んで、答えましょう。

1 どんな虫のせい虫には、いろいろな大きさのものがいますか。虫の名前を二つ書きましょう。

2 2の文章は、どんな役わりの文だといえますか。○をつけましょう。

（　）読む人に問いかけている文

（　）問いに答えている文

3 (1) せい虫の体の大きさには、何が㋐かんけいしていますか。

(2) 3の文章の内ように合う文に○をつけましょう。

（　）よう虫のときに、たくさん食べてもせい虫の体は大きくならない。

（　）食べ物をたくさん食べたよう虫は、大きなせい虫になる。

せつめい文（理科）

三文の文章を読みとろう ④

名前

1

モンシロチョウのよう虫は、「いもむし」とか「青虫」ともよばれ、キャベツなどの葉の上でくらしていますが、せい虫になると、四まいのはねでとび回る、きれいなチョウのすがたに㋐へんしんします。

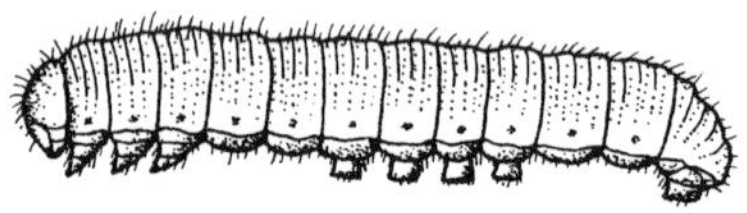

2

すがたのほかに、もうひとつ、よう虫とせい虫とで、大きくちがうのが、食べるものです。

3

よう虫のときはキャベツなどの葉を食べますが、たまごをうむせい虫になると、花のみつをすうようになり、口の形もみつをすうのにつごうのよいストローのような形になります。

上の1～3の文章を読んで、答えましょう。

1

(1) モンシロチョウのよう虫は、何とよばれますか。二つ書きましょう。

(2) ㋐へんしんとは、どのようなことですか。○をつけましょう。

（　）よび名がかわること。

（　）すがたがかわること。

2

すがたのほかに、よう虫とせい虫とで、大きくちがうのは何ですか。

3

(1) よう虫のときは、何を食べますか。

（習っていない漢字は、ひらがなで書きましょう。）

(2) せい虫になると、何をすうようになりますか。

せつめい文（体育）

三文の文章を読みとろう ⑤

名前

1 とびばこ運動をする場合は、用具を出すところから、きょう力して活動しましょう。

2 とびばこをとびこす運動では、ふみ切りのし方、手のつき方、着地のし方がポイントになります。

3 ポイントをつかんで自分ができるようになったら、できない人がどのようにすればできるようになるかを考え合うことも大切な活動です。

上の1〜3の文章を読んで、答えましょう。
（習っていない漢字は、ひらがなで書きましょう。）

1 (1) 何をする場合のことが書いてありますか。

(2) どんなところから、きょう力して活動しようといっていますか。

（　　　　）ところ。

2 とびばこをとびこす運動のポイントを三つ書きましょう。

3 自分ができるようになったら、何をすることも大切な活動だといっていますか。

（　　　　）を考え合うこと。

せつめい文（社会）

四文の文章を読みとろう①

名前

1

わたしの家の買いもの調べをしたら、スーパーマーケット、コンビニエンスストア、商店がいなどから買っていた。

2

スーパーマーケットは、広い売り場に多くのしなものがそろうので、休みの日に車で行って、まとめて買うことが多い。

3

コンビニエンスストアは夜おそくまであいていて、急な買いものにべんりだ。

4

商店がいには、知り合いのお店もあり、気がるにあん心して買いものができることがわかった。

上の1～4の文章を読んで、答えましょう。

1 家の何について調べたのですか。

（　　　　　）

2 スーパーマーケットには、いつ、どのようにして行くことが多いですか。

（いつ）（　　　　）の日

（どのようにして）（　　　　）で

3 コンビニエンスストアのとくちょうを一つえらんで○をつけましょう。

（　）しなものを車につんで売りにくる。

（　）夜おそくまであいている。

（　）広い売り場に多くのしなものがそろう。

4 (1) 商店がいには、どんなお店もありますか。

（　　　　）のお店もある。

(2) 商店がいでは、どんなふうに買いものができますか。

（　　　　）買いものができる。

せつめい文（社会）
四文の文章を読みとろう②

名前

1

あらたさんの町では、月曜日と木曜日がもえるごみ、火曜日がプラスチックごみ、水曜日がかん・ビン・ペットボトル、金曜日が紙るいと決まっています。

2

ごみはできるだけ少なくなるようにくふうし、出す時間や決められたふくろなどのルールを守って出すようにしましょう。

3

プラスチックごみや、かん・ビン・紙るいのごみは、リサイクルするので、分けて出すことが大切です。

4

ごみのすて方でいちばんざんねんなのは、道ろや公園にポイすてされているごみがあることです。

※リサイクル…ふたたび、しげんとしてりようすること。

上の1〜4の文章を読んで、答えましょう。

1 (1) あらたさんの町では、火曜日にすてるごみは何ですか。

（　　　　　　）

(2) あらたさんの町では、もえるごみを出すのは何曜日ですか。

（　　　　）と（　　　　）

2 ごみを出すときのルールは何ですか。

出す（　　　　）

決められた（　　　　）

3 プラスチックのごみや、かん・ビン・紙るいのごみは、どうすることが大切ですか。

（　　　　　　）こと。

4 ごみのすて方でいちばんざんねんなことは、どんなことですか。

（　　　　　　）こと。

せつめい文（理科）

四文の文章を読みとろう③

名前

1

ふきのとうが
頭を出しはじめたころ、
キタキツネのめすは、
すの中で三びきから
八ぴきの子をうみます。

2

キタキツネのめすは、
はじめのうちは　ちちをのませ、
子どもが大きくなるにつれて
ネズミなどのえさをあたえて
育てます。

3

森が緑につつまれるころには、
子ぎつねの黒っぽい毛の色は
茶色にかわり、
はながつき出た
きつねらしい顔立ちに
なっていきます。

4

秋が近くなると、
子ぎつねは
すから外の世界に
出て行くようになり、
えさを自分でとって
ひとりで生活して
いくようになります。

上の1～4の文章を読んで、答えましょう。

1　キタキツネのめすが子をうむのは、いつのころですか。

2　キタキツネのめすは、子どもが大きくなってくると、どんなものをあたえて育てますか。

3　(1)　子ぎつねの毛は、何色から何色にかわりますか。

（　　）色から
（　　）色にかわる。

(2)　きつねらしい顔立ちとは、どんな顔立ちですか。

顔立ち
（　　）

4　すから外の世界に出た子ぎつねは、どうやってひとりで生活していくようになりますか。

（　　）
とってひとりで生活していくようになる。

せつめい文（理科）

四文の文章を読みとろう ④

名前

1

モンシロチョウとアゲハは、どちらもチョウのなかまですが、せい虫は、体の大きさだけでなく、はねの色やもようもちがっているので、かんたんに見分けることができます。

2

いろいろなチョウの一生を調べると、せい虫のすがただけでなく、よう虫のときに食べるしょくぶつがちがっていることがわかります。

3

よう虫のとき、モンシロチョウは、キャベツやアブラナなどの葉を、アゲハは、ミカンやサンショウなどの葉を、そして、キアゲハというチョウは、ニンジンやパセリの葉を食べて大きくなるのです。

4

このように、チョウのよう虫は、そのしゅるいⓐによって、決まったものを食べているのです。

上の1～4の文章を読んで、答えましょう。

1 (1) モンシロチョウとアゲハは、どちらも何のなかまですか。

（　　　　）のなかま

(2) モンシロチョウとアゲハのせい虫は、何を見ると、見分けることができますか。二つ書きましょう。

体の（　　　　）

はねの（　　　　）や（　　　　）

2 せい虫のすがたのほかにちがっていることは、何ですか。

（　　　　）のときに食べる（　　　　）

3 次のチョウが、よう虫のときに食べるものを下からえらんで――線でむすびましょう。

① モンシロチョウ ・　　・ ニンジンやパセリの葉

② アゲハ ・　　・ キャベツやアブラナの葉

③ キアゲハ ・　　・ ミカンやサンショウの葉

4 どんなしゅるいⓐのチョウが出てきましたか。出てきたチョウの名前を三つ書きましょう。

（　　　　）

（　　　　）

（　　　　）

せつめい文（理科）

四文の文章を読みとろう ⑤

名前

1
サクラは、多くの人が知っている木ですが、サクラのなかまには、いろいろなしゅるいがあります。

2
学校や公園によく植えられているサクラは、「ソメイヨシノ」というしゅるいのサクラです。

3
ソメイヨシノは、葉が出る前に、たくさんの花がまとまってひらくことがとくちょうで、花がすべてひらくと、サクラの木や公園全体が花につつまれ、とてもはなやかに見えます。

4
ほかにも、花がひらくときに、赤みがかったわか葉が出るヤマザクラや、花びらのまい数が多いヤエザクラもあり、㋐これらのサクラも人びとの目を楽しませてくれます。

上の1～4の文章を読んで、答えましょう。

1 サクラのなかまには、どんなしゅるいがありますか。

（　　　　　　　　）しゅるい

2 学校や公園でよく植えられているサクラは、何というサクラですか。

3 ソメイヨシノのとくちょうはどんなことですか。

葉が出る前に（　　　　　　　　）こと。

4 (1) ヤエザクラとは、どのようなサクラですか。

（　　　　　　　　）サクラ

(2) ㋐これらのサクラがさしているものを二つ書きましょう。

せつめい文（図工）

五文の文章を読みとろう

名前

1　糸を使って友だちと電話ができる糸電話を作りましょう。

2　用意するものは、紙コップ二こ、たこ糸三メートル、ようじ一本、それに、はさみとテープです。

3　紙コップのそこにようじであなをあけて、たこ糸を通します。

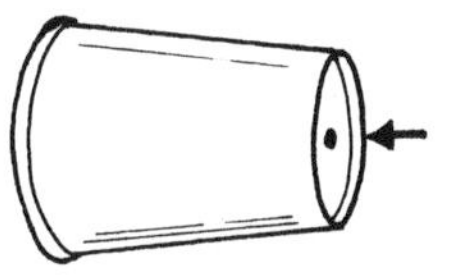

4　糸を半分の長さにしたようじにむすんで、紙コップのそこにテープでとめてかんせいです。

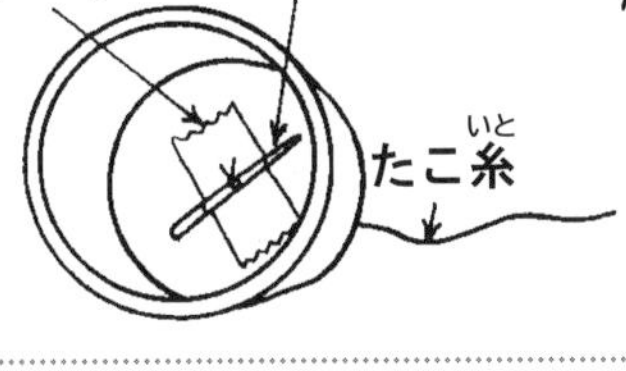

5　紙コップの糸をぴんとはって、二人で話をしてあそびましょう。

上の1～5の文章を読んで、答えましょう。

1　糸電話は、何を使って電話ができますか。

［　　　　］

2　用意するものを書きましょう。

（　　　）二こ、
（　　　）三メートル、
（　　　）一本、
はさみ、テープ

3　紙コップのそこに何を使ってあなをあけ、何を通しますか。

●使うもの　［　　　　］

●通すもの　［　　　　］

4　糸電話を作るじゅんばんになるように、1～3の番号を（　）に書きましょう。

（１）紙コップのそこにたこ糸を通す。
（　）紙コップのそこにようじをとめる。
（　）糸を半分の長さにしたようじにむすぶ。

5　話をするために、紙コップの糸をどのようにしますか。

（　　　　）とはる。

物語

春風をたどって①

名前

1

それからどれだけ進み
つづけたのでしょう。
しげみがやっととぎれたかと
思うと、あざやかな青い色が、
ルウの目にとびこんできました。

2

しげみのむこうにあったのは、
見わたすかぎりの花ばたけでした。
(あ)そこにさく花の色は、
ルウが行きたいと
ねがっていた、
しゃしんの海に
そっくりな青。
そのけしきのうつくしさに、
ルウの口から、ほう、と
ためいきがこぼれました。

3

(い)「すごいや。この森に、こんな
花ばたけがあったんだね。」
ルウはノノンに言いました。
ところがノノンは、ルウの声が
聞こえなかったかのように、
(う)うっとりと花ばたけに見とれて
います。

※しげみ…草や木がたくさん生えているところ。

(令和六年度版　光村図書　国語　三上　わかば　如月　かずさ)

上の1～3の文章を読んで、答えましょう。

1

(1) 何がやっととぎれたときのことですか。

(2) ルウの目にとびこんできたのは、どのような何色でしたか。

（　　　）な（　　　）色

2

(1) しげみのむこうにあったのは、見わたすかぎりの何でしたか。

(2) (あ)そこにさく花の色は、何にそっくりな青色でしたか。

（　　　）が行きたいとねがっていた、（　　　）

3

(1) (い)「すごいや。この森に、こんな花ばたけがあったんだね。」は、だれが言った言葉ですか。

(2) (う)うっとりと花ばたけに見とれているのは、だれですか。

物語

春風をたどって ②

名前

[1]

そんなノノンの様子をながめながら、㋐ルウは思いました。

ぼく一人だったら、この花ばたけを見つけることはできなかっただろうな、と。

[2]

㋑「すごいや。」

ルウは、そうくりかえしてにっこりすると、だまって花ばたけの方をむきました。さわやかな花のかおりにつつまれて、ゆったりと時がながれていきました。

[3]

しばらくたったころに、ノノンがのんびり言いました。

「そろそろお昼ごはんをさがしに行こうかなあ。ルウはどうする。」

そういえば、ぼくもごはんがまだだった、とルウは思い出しました。けれど、気づいたら、ルウはこう答えていました。

㋒「ぼくは、もう少しここにいることにするよ。」

「分かった。じゃあ、またね。」

（令和六年度版　光村図書　国語　三上　わかば　如月　かずさ）

上の[1]～[3]の文章を読んで、答えましょう。

[1] ㋐「ルウは思いました。」とありますが、どんなことを思ったのか、文中から書き出しましょう。

ぼく（　　）だったら、
この（　　）を
（　　）ことは
（　　）

[2]

(1) ㋑「すごいや。」と言ったのはだれですか。

(2) どんなかおりにつつまれて、ゆったりと時がながれていきましたか。

[3]

(1) ノノンは、何をさがしに行くと言っていますか。

(2) ㋒「ぼくは、もう少しここにいることにするよ。」と答えたのは、だれですか。

物語

春風をたどって ③

名前

1

「うん。また話そう。」
ノノンを見おくった後で、
ルウは、また花ばたけを
ながめました。
やわらかな春風が、花たちと
ルウの毛を、さわさわと
なでていきます。海色の
花びらの上で、昼下がりの光が、
きらきらかがやいています。
ルウのしっぽは、
いつのまにか、
ゆらゆらと
おどるように
ゆれています。

2

花ばたけの空気を
㋐むねいっぱいにすいこんで、
本物の海もこんないいにおいが
するのかな、とルウは
そうぞうしました。

（令和六年度版　光村図書　国語　三上　わかば　如月　かずさ）

1 の文章を読んで、答えましょう。

(1) ルウが、ノノンを見おくった後で、また何をながめましたか。

(2) 何が、花たちとルウの毛を、さわさわとなでていきますか。

(3) 花びらの上で、何が、きらきらかがやいていますか。

(4) ルウのしっぽは、いつのまにか、どのようにゆれていますか。

（　　　）と（　　　）ようにゆれています。

2 の文章を読んで、答えましょう。

(1) ルウは、何の空気を㋐むねいっぱいにすいこみましたか。

（　　　）の空気

(2) ㋐むねいっぱいにすいこんだルウは、どんなことをそうぞうしましたか。文中から書き出しましょう。

物語

春風をたどって④

名前

1

その夜、ルウは、すあなでたから物のしゃしんをながめていました。きれいだなあ、いつか行ってみたいなあ、とうっとりしながら。

2

「だけど、あの海色の花ばたけも、㋐とってもすてきだったなあ。」

ぽつりとつぶやいてから、ルウはふと思いつきました。

「そうだ。ぼくの知らないすてきなばしょが、ほかにもまだ、近くにあるかもしれない。あした、ノノンをさそって、いっしょにさがしてみることにしよう。ノノンといっしょなら、またあの花ばたけみたいなけしきを、見つけられそうな気がするから。」

3

そんなふうに考えてわくわくしながら、ルウがねどこにねそべると、花ばたけからついてきたさわやかなかおりが、ふわりとルウのはなをくすぐりました。

（令和六年度版　光村図書　国語　三上　わかば　如月　かずさ）

上の1～3の文章を読んで、答えましょう。

1 (1) ルウが、すあなでながめていたものは何ですか。

（　　　　）のしゃしん

(2) ルウは、どんな様子でながめていましたか。文中から書き出しましょう。

□□□□しながらながめていました。

2 (1) ルウが、㋐とってもすてきだったなあとつぶやいたのは、どんなところのことですか。

あの（　　　　）色の（　　　　）

(2) ルウは、だれといっしょなら、またすてきなばしょを、見つけられると思いましたか。

（　　　　）

3 ふわりとルウのはなをくすぐったのは、どんなかおりですか。

（　　　　）からついてきた（　　　　）かおり

物語

まいごのかぎ ①

名前

1

りいこは、学校からの帰り道に、かぎをひろいました。落とし物だと思ったりいこは、交番に向かって歩いています。

交番までは、もう少し。
おうだん歩道をわたると
しおのかおりがしてきます。
道のわきに あみが立ててあり、
魚の開きが一面にならべて
ありました。
りょうしさんがあじのひものを
作っているのです。
そばを通るとき、中の一ぴきに、
円いあなが空いているのに
気がつきました。
「お魚に、かぎあななんて。」

2

あへんだと思いながら、
見れば見るほど、やはり、
ただのあなではなさそうです。
いつしかすいこまれるように、
かぎをさしこんでいました。

（令和六年度版　光村図書　国語　三上　わかば　斉藤　倫）

1 の文章を読んで、答えましょう。

(1) おうだん歩道をわたると、どんなかおりがしてきましたか。

（　　　）のかおり

(2) 道のわきのあみに、何が一面にならべてありましたか。

(3) 中の一ぴきに、何が空いているのに気がつきましたか。

2 の文章を読んで、答えましょう。

(1) りいこは、どんなことをあへんだと思ったのですか。○をつけましょう。

（　）たくさんの魚に、円いあなが空いていること。

（　）魚に、かぎあなが空いていること。

(2) りいこは、いつしかすいこまれるように、何をしましたか。文中から書き出しましょう。

物語

まいごのかぎ ②

名前

［りいこは、魚に空いていたあなを、なんども見て、いつしかすいこまれるように、かぎをさしこんでいました。］

1

㋐カチャッ。たちまち、あじの開きは、小さなかもめみたいに、羽ばたき始めます。あっけにとられているうちに、あじは、目の前でふわふわとうかび上がりました。

2

りいこは、あわててとびつき、かぎを引きぬきました。開きは、元のあみの上に、ぽとりと落ちました。

「あぶない。海に帰っちゃうとこだった。」

3

わたし、やっぱりよけいなことばかりしてしまう。りいこは、悲しくなりました。

早く交番にとどけよう。

（令和六年度版　光村図書　国語　三上　わかば　斉藤　倫）

上の1〜3の文章を読んで、答えましょう。

1 (1) ㋐カチャッ。とは、何の音ですか。○をつけましょう。

（　）りいこが、あじの開きのあなにかぎをさして回した音。

（　）あじの開きが羽ばたく音。

(2) あじの開きは、何みたいに、羽ばたき始めましたか。

(3) あじは、目の前でどうなりましたか。

2 りいこが、かぎを引きぬくと、開きは、どうなりましたか。一つに○をつけましょう。

（　）海に帰っていった。

（　）ふわふわとうかび上がった。

（　）元のあみの上に、ぽとりと落ちた。

3 りいこは、悲しくなって、どうしようと思いましたか。文中から一文を書き出しましょう。

物語

まいごのかぎ ③

名前

1

海岸通りをいそぎ始めたとき、ふとバスていのかんばんが目に入りました。「バス」という字の「バ」の点が、なぜか三つあるのです。その一つが、かぎあなに見えました。

2

「どうしよう。」

りいこはまよいました。よけいなことはやめよう。Ⓐそう思ったばかりです。そのとき、点の一つが、ぱちっとまたたきました。

3

「これで、さいごだからね。」

いつしか りいこは、かんばんの前でせのびをしていました。カチンと音がして、かぎが回りました。［Ⓘ］、何もおこりません。

（令和六年度版　光村図書　国語　三上　わかば　斉藤　倫）

上の1～3の文章を読んで、答えましょう。

1 (1) ふと目に入ったものは、何ですか。

(2) 「バ」の字の点が、三つあって、その一つは、何に見えましたか。

2 Ⓐそう思ったとありますが、りいこはどう思ったのですか。文中から書き出しましょう。

3 (1) りいこが、かんばんの前でせのびをしていたのは、何をするためですか。○をつけましょう。

（　）かんばんの字をよく見るため。

（　）かぎあなにかぎをさしこんで回すため。

(2) ［Ⓘ］に入る言葉を一つえらんで○をつけましょう。

（　）だから

（　）ところが

（　）そして

物語

まいごのかぎ④

名前

1

ほっとしたような、がっかりしたような気持ちで、バスの時こく表を見て、りいこは「あっ。」と言いました。数字が、ありのように、ぞろぞろ動いているのです。五時九十二分とか、四十六時八百七分とか、とんでもないとうちゃく時こくになっています。

2

「すごい。」

りいこは、目をかがやかせました。でも、すぐに、わくわくした自分がいやになりました。りいこは、かぎをぬきとりました。

「あれ。どうして。」

時こく表の数字は、元には、もどりませんでした。

3

りいこはこわくなって、にげるようにかけだしました。交番のある方へすなはまを横切ろうと、石だんを下りかけると、国道のずっと向こうから、車の音が聞こえてきます。ふり向くと、バスが十何台も、おだんごみたいにぎゅうぎゅうになって、やって来るのです。

「わたしが、時こく表をめちゃくちゃにしたせいだ。」

どうしよう。もう、交番にも行けない。おまわりさんにしかられる。りいこは、かぎをぎゅっとにぎりしめて、立ちすくんでしまいました。

（令和六年度版　光村図書　国語　三上　わかば　斉藤　倫）

上の1〜3の文章を読んで、答えましょう。

1 (1) りいこは、どんな気持ちで、バスの時こく表を見ましたか。

（　　　　）ような、（　　　　）ような気持ち

(2) 数字が、ぞろぞろ動いているのは、何のようでしたか。

（　　　　）のよう

2 りいこは、どんな自分がいやになりましたか。

（　　　　）自分

3 (1) りいこが石だんを下りかけると、国道のずっと向こうから、何の音が聞こえてきましたか。

（　　　　）の音

(2) バスが十何台も、ぎゅうぎゅうになって、やって来るのは、何のせいだとりいこは考えましたか。文中から書き出しましょう。

物語

まいごのかぎ ⑤

名前

1

きみょうなことは、さらにおこりました。つながってきたバスが、りいこの前で止まり、クラクションを、ファ、ファ、ファーン、と、がっそうするように鳴らしたのです。そして、㋐リズムに合わせて、くるくると、向きや順番をかえ始めました。

りいこは、目をぱちぱちしながら、そのダンスに見とれていました。

「なんだか、とても楽しそう。」

2

そして、はっと気づいたのです。

もしかしたら、あのさくらの木も、楽しかったのかもしれない。どんぐりの みをつけたのは、きっと春がすぎても、みんなと遊びたかったからなんだ。ベンチも、たまには公園でねころびたいだろうし、あじだって、いちどは青い空をとびたかったんだ。

（令和六年度版　光村図書　国語　三上　わかば　斉藤　倫）

上の1・2の文章を読んで、答えましょう。

1

(1) バスは、クラクションを、ファ、ファ、ファーン、と、何をするように鳴らしましたか。

（　　　　　　）するように鳴らした。

(2) ㋐リズムに合わせて、くるくると、向きや順番をかえ始めました。について答えましょう。

① 何が、向きや順番をかえ始めたのですか。

② くるくると、向きや順番をかえる動きをべつの言葉で何と書いてありますか。文中の言葉三文字で答えましょう。

2 りいこが、はっと気づいたことは、どのようなことでしたか。あてはまる文になるように、上と下を——線でむすびましょう。

① さくらの木は・　　・たまには公園でねころびたい。

② ベンチは・　　・いちどは青い空をとびたかった。

③ あじは・　　・春がすぎても、みんなと遊びたかった。

物語（ものがたり）

まいごのかぎ ⑥

名前

1

「㋐みんなも、すきに走って
みたかったんだね。」

図工の時間にけしてしまった、
㋑あのうさぎが、
うれしそうに
こちらに手を
ふっているのを。

2

りいこもうれしくなって、大きく手をふりかえしました。にぎっていたはずのかぎは、いつのまにか、かげも形もなくなっていました。りいこは、夕日にそまりだした空の中で、いつまでも、その手をふりつづけていました。

（令和六年度版　光村図書　国語　三上　わかば　斉藤　倫）

1の文章を読んで、答えましょう。

(1) ㋐みんなとは、何のことでしょう。

(2) …さの㋑あのにあてはまる文を、…から書き出しましょう。

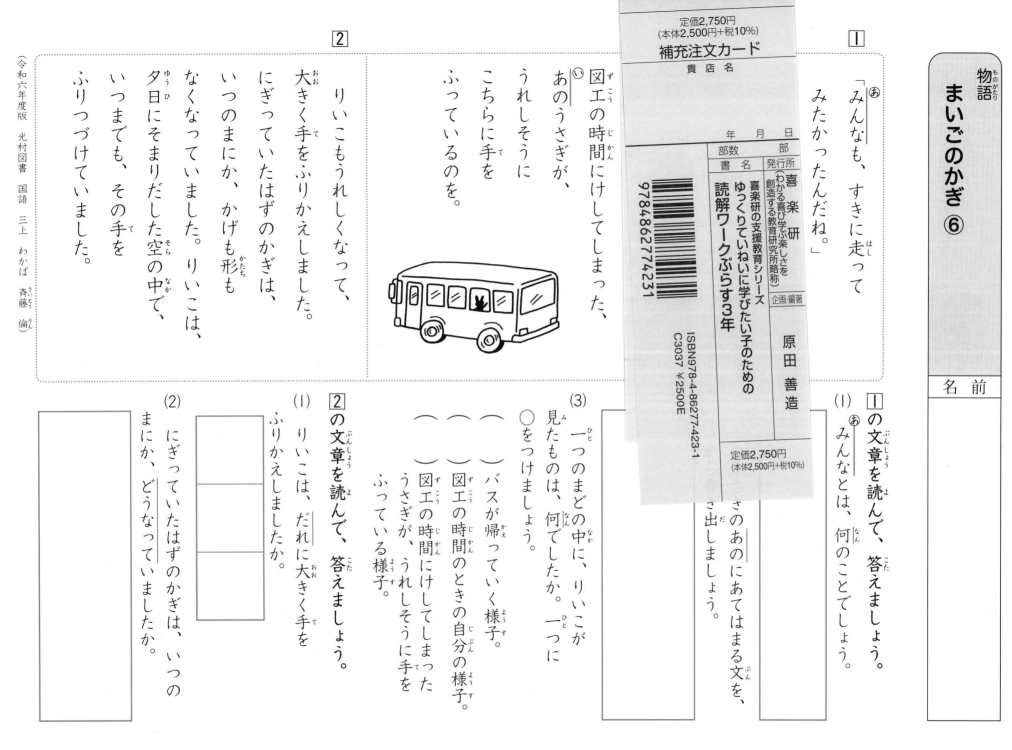

(3) 一つのまどの中に、りいこが見たものは、何でしたか。一つに○をつけましょう。

（　）バスが帰っていく様子。

（　）図工の時間のときの自分の様子。

（　）図工の時間にけしてしまったうさぎが、うれしそうに手をふっている様子。

2の文章を読んで、答えましょう。

(1) りいこは、だれに大きく手をふりかえしましたか。

(2) にぎっていたはずのかぎは、いつのまにか、どうなっていましたか。

物語

メロディー——大すきな わたしのピアノ ①

名前

1

あ「たくさんひいてもらうんだよ。」

そう言われて、一台のピアノが、工場を出ました。

「だれがひいてくれるのかしら。」

ピアノは、来る日も来る日も、楽しみに待ちました。

2

ある日、けんばんのふたが開けられ、小さな手が、そっとけんばんにふれました。

ピアノは心がふるえました。

「お母さん、ひいてもいい。」

ド——レ——ミ——。

人さし指で、けんばんを少しおさえただけでしたが、ピアノは、せいいっぱいの音をひびかせました。

3

それからピアノは、い小さな指がおさえるけんばんの音を、一つ一つ、心をこめてひびかせました。

「このピアノが気に入ったかな。」

「うん、とっても。お父さん、このピアノも、わたしのことが大すきみたい。」

「レッスンはつづけられるかしら。」

「だいじょうぶ。このピアノとなら、きっとつづけられるわ。」

そう言うと、女の子とピアノは、はずんだ音をひびかせました。

（令和六年度版 光村図書 国語 三下 あおぞら くすのき しげのり）

上の1～3の文章を読んで、答えましょう。

1 あ「たくさんひいてもらうんだよ。」とは何に言った言葉ですか。

2 (1) ある日、何が、そっとけんばんにふれましたか。

(2) 人さし指で、けんばんを少しおさえたとき、ピアノは、どんな音をひびかせましたか。

（　　　　）の音

3 (1) い小さな指とは、だれの指ですか。一つに○をつけましょう。

（　）お母さん　（　）お父さん

（　）女の子

(2) ピアノが気に入った女の子は、このピアノのことをどう思いましたか。

このピアノも、わたしのことが

（　　　　）みたい。

(3) 女の子は、このピアノとのレッスンについて、どう思っていますか。○をつけましょう。

（　）レッスンは、きっとつづけられる。

（　）レッスンは、つづけられるか心配。

物語

メロディ―大すきな　わたしのピアノ ②

名前

1

ピアノが家に来た日、
五月二十四日は、
女の子の六さいの
おたんじょう日でした。
「お父さん、お母さん、
すてきなピアノをありがとう。」

2

そうして、しばらく考えてから、
女の子が言いました。
「わたし、このピアノに名前をつけて
あげようと思うの。名前は――、
そうだ。『メロディ』がいいわ。
それから、Ⓐわたしと同じ、今日が
メロディのおたんじょう日よ。」
「『メロディ』――。なんてすてきな
名前かしら。わたしはメロディ。
わたしは、世界で一台だけの、
名前のあるピアノ。」
メロディは、うれしくて
たまりませんでした。

（令和六年度版　光村図書　国語　三下　あおぞら　くすのき　しげのり）

上の1・2の文章を読んで、答えましょう。

1 五月二十四日は、どんな日でしたか。二つ書きましょう。

ピアノが（　　　　）日

女の子の（　　　　）日

2 (1) 女の子がピアノにつけた名前を書きましょう。

(2) Ⓐわたしと同じとは、女の子とメロディの何が同じだといっていますか。

(3) ピアノは、自分につけられた名前は、どんな名前だと思いましたか。

（　　　　）名前かしら。

(4) ピアノは、自分がどんなピアノだと言って、うれしくてたまりませんでしたか。

わたしは、（　　　　）だけの、（　　　　）ピアノ。

物語

メロディ――大すきな わたしのピアノ ③

名前

1

女の子は、毎日毎日、メロディをひきました。

発表会の前には、何度も何度も練習をしました。

うれしいことがあったとき、悲しいことがあったとき、女の子は、いつもメロディをひきました。

メロディは幸せでした。

メロディは、女の子の心に合わせて、いつもすてきな音をひびかせていました。

2

あ、女の子が中学生になり、高校生になると、メロディとすごす時間が、だんだんと少なくなっていきました。

やがて、女の子が遠くの大学へ行くと、メロディが音を出すこともなくなりました。

それでも、メロディは、遠くでくらす女の子のことを考えたり、楽しかった日のことを思い出したりしながら、毎日をしずかにすごしました。

そうして、何年も何年もたちました。

（令和六年度版　光村図書　国語　三下　あおぞら　くすのき　しげのり）

上の1・2の文章を読んで、答えましょう。

1

(1) 女の子は、どれくらいメロディをひきましたか。文中の言葉四文字で答えましょう。

(2) どんなことがあったとき、女の子は、いつもメロディをひきましたか。

（　　　　）があったとき

（　　　　）があったとき

(3) メロディは、女の子の何に合わせて、すてきな音をひびかせていましたか。

女の子の（　　　　）

2

(1) あ にあてはまる言葉を一つえらんで○をつけましょう。

（　）だから　（　）でも　（　）また

(2) 女の子がどうしたとき、メロディが音を出すこともなくなったのですか。

女の子が（　　　　）へ行ったとき

(3) メロディは、毎日をどのようにすごしましたか。

（　　　　）すごしました。

詩のくふうを楽しもう ①

名前

からはおもくて
たくさんあるくと
つかれるけれど
むりしてたてた
りっぱなおうち

和田 誠

上の詩を読んで、答えましょう。

(1) おもいものは、何ですか。

(2) どうするとつかれるのですか。

（　　　　）とつかれる

(3) むりしてたてたおうちは、どんなおうちですか。

（　　　　）おうち

(4) 何かがかくれている詩です。行のいちばんはじめの文字をつなげて書き出しましょう。

○○○○○

（令和六年度版　光村図書　国語　三下　あおぞら　和田　誠）

詩

詩のくふうを楽しもう ②

名前

はせ　みつこ

ことばはつなぐ
とおくとちかく
ばらとみつばち
だれかとだれか
いまとむかし
すきときらい
きみとわたし

（令和六年度版　光村図書　国語　三下　あおぞら　はせ　みつこ）

上の詩を読んで、答えましょう。

(1) 何かがかくれている詩です。行のいちばんはじめの文字をつなげて書き出しましょう。

〇〇〇〇〇〇〇

(2) 詩の中で、つぎの言葉とつないでいる言葉を□に書きましょう。

① とおく ― ちかく

② ばら ― □

③ いま ― □

④ □ ― きらい

⑤ □ ― わたし

詩

春の子ども

名前

春の子ども

門倉　訣

1

ふきのとうが芽を出した
ぴくりっ　ぴくぴくっ
雪のぼうしが　あったかい
ぴくぴく　ぴくくくっ
風のゆびが　あったかい

2

つくしんぼうが目をさます
ぴくりっ　ぴくぴくっ
雪どけ水が　あったかい
ぴくぴく　ぴくくくっ
川の背中が　あったかい

3

風の子どもがとびおきた
ぴくりっ　ぴくぴくっ
あさのひかりが　あったかい
ぴくぴく　ぴくくくっ
あおい空が　あったかい

（令和六年度版　東京書籍　新編　新しい国語　三上　門倉　訣）

上の詩を読んで、答えましょう。

(1) つぎのものがどうしたのか、あてはまる文になるように、上と下を――線でむすびましょう。

① ふきのとうが　・　　　・目をさます
② つくしんぼうが・　　　・とびおきた
③ 風の子どもが　・　　　・芽を出した

(2) 1のところで、あったかいものを二つ書きましょう。

(3) 1・2・3のすべてのところにくりかえし書いてある言葉を二行書きましょう。

（　　　　）ぴくぴくっ

（　　　　）ぴくくくっ

詩

ぼくが　ここに

名前

1

ぼくが　ここに

まど・みちお

ぼくが　ここに　いるとき
ⓐほかの　どんなものも
ぼくに　かさなって
ここに　いることは　できない

2

もしも　ゾウが　ここに　いるならば
そのゾウだけ
マメが　いるならば
その一つぶの　マメだけ
しか　ここに　いることは　できない

3

ああ　ⓘこのちきゅうの　うえでは
こんなに　だいじに
まもられているのだ
どんなものが　どんなところに
いるときにも

4

その「いること」こそが
ⓤなににも　まして
すばらしいこと　として

（令和六年度版　東京書籍　新編　新しい国語　三下　まど・みちお）

上の詩の1〜4のところを読んで、答えましょう。

1 (1) ぼくが　どこにいるときのことをいっていますか。

□□に　いるとき

(2) ⓐほかの　どんなものも、どうすることができないといっていますか。

□□に　かさなって
□□に　□□こと

2 どんなものがここにいるときのことをいっていますか。二文字で、二つ答えましょう。

□□
□□

3 ⓘこのちきゅうの　うえではこんなにだいじに、どうされているといっていますか。

（　　　）いる

4 どんなことが、ⓤなににも　まして　すばらしいことなのだといっていますか。詩の中の言葉四文字で答えましょう。

□□□□

きせつの言葉　春のくらし
詩「みどり」

名前

みどり

内田　麟太郎

みどり　まみどり
こいみどり
はるの　のやまは
㋐よりどりみどり
みどりの　ことり
みどりに　かくれ
さがせど　さがせど
㋑こえばかり

※さがせど　さがせど…さがしてもさがしても

（令和六年度版　光村図書　国語　三上　わかば　内田　麟太郎）

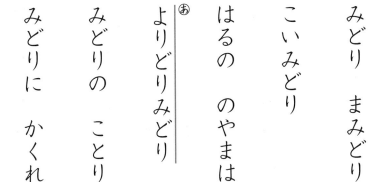

上の詩を読んで、答えましょう。

(1) はるの　のやまは、どんな色をしていますか。三つ書きましょう。

(2) ㋐よりどりみどりの意味にあてはまるものに○をつけましょう。

（　）えらべるものは、一つのみどりときまっている。

（　）多くのものの中からどれでもすきなものをえらぶことができる。

(3) ことりは、どんな色をしていますか。

（　　　）色

(4) ㋑こえばかりとありますが、何のこえですか。

（　　　）のこえ

きせつの言葉　夏のくらし
詩「はなび」

名前

はなび

鶴見　正夫

ひの　はな
㋐さけ　さけ
なつの　よるの　にわに
さいて　ちって
ちって　きえて
㋑きえても　まだ　のこる
とじた　めの　なかに
ふしぎな　ひの　はな
いま　さいた　はなび

※さがせど　さがせど…さがしてもさがしても

（令和六年度版　光村図書　国語　三上　わかば　鶴見　正夫）

上の詩を読んで、答えましょう。

(1) この詩の題名は何ですか。

(2) ㋐さけ　さけといっているのは、どんなはなのことですか。

（　　　　）はな

(3) きせつは、いつのことですか。

(4) ㋑きえても　まだ　のこるとは、どこにのこっているのですか。〇をつけましょう。

（　）なつの　よるの　にわ

（　）とじた　めの　なか

(5) 「はなび」のことを、どんな「ひの　はな」といっていますか。

□□□□ひの　はな

きせつの言葉　秋のくらし
「虫の声」

名前

虫の声

（文部省唱歌）

あれ松虫が　鳴いている
ちんちろ　ちんちろ　ちんちろりん
あれ鈴虫も　鳴き出した
りんりんりんりん　りいんりん
秋の夜長を　鳴き通す
ああおもしろい　虫の声

（令和六年度版　光村図書　国語　三下　あおぞら「秋のくらし」による）

上の歌を読んで、答えましょう。

(1) 松虫はどのように鳴きますか。歌の中から書き出しましょう。

(2) 鈴虫はどのように鳴きますか。歌の中から書き出しましょう。

(3) 虫が鳴き通すのは、いつのことですか。歌の中の言葉四文字で答えましょう。

(4) 虫の声のことをどのように思っていますか。歌の中の言葉で書き出しましょう。

ああ

きせつの言葉　冬のくらし
詩「ゆき」

名前

ゆき

川崎　洋

(あ)はつゆき　ふった
こなゆき　だった
くつの下で　きゅっきゅとないた
(い)どかゆき　ふった
のしのし　ふって
ずんずん　つもり
ねゆきに　なった
べたゆき　ふって
ぼたゆき　ふって
ざらめゆきに　なって
(う)もうすぐ　春だ

※どかゆき…短い時間にたくさんふる雪。
※ねゆき…ふりつもって、春までとけずにのこっている雪。
※ぼたゆき…ぼたんゆきのこと。ボタンの花びらのような大きめの雪。
※ざらめゆき…春先に見られる、ざらめ（つぶが少し大きなさとう）のような大つぶの雪。

（令和六年度版　光村図書　国語　三下　あおぞら　川崎　洋）

上の詩を読んで、答えましょう。

(1) この詩の題名は何ですか。

______

(2) いつのきせつのことですか。一つに○をつけましょう。

（　）春　（　）夏
（　）秋　（　）冬

(3) (あ)はつゆきは、どんなゆきでしたか。

（　　）ゆき

(4) (い)どかゆきは、どんなゆきになりましたか。

（　　）ゆき

(5) (う)もうすぐ　春になる前に、どんなゆきがふりましたか。じゅんばんに書きましょう

（　　）ゆき
（　　）ゆき
（　　）ゆき

俳句①

名前

1

俳句は、五・七・五の十七音で作られたみじかい詩です。ふつうは、「季語」という、きせつを表す言葉が入っています。俳句の十七音の中には、しぜんの様子や、そこから感じられることが表されています。

2

山路来て何やらゆかしすみれ草

松尾　芭蕉

（意味）
山道を歩いてきたら、ふと見つけた道ばたのすみれ草に、なんとなくあ心が引かれるよ。

※春の句。季語（きせつの言葉）は「すみれ草」。

（令和六年度版　光村図書　国語　三上　わかば「俳句を楽しもう」による）

上の1の文章を読んで、答えましょう。

(1) 次の□にあてはまる数を漢字で書きましょう。

俳句は、□・□・□の□□音で作られたみじかい詩です。

(2) 「季語」とは、何を表す言葉ですか。

□

上の2の俳句と（意味）の文章を読んで、答えましょう。

(1) 上の俳句を五・七・五の音に分けて、ひらがなで書きましょう。

やまじきて
□□□□□□□
□□□□□

(2) 俳句の作者は、何にあ心が引かれましたか。（意味）の文も読んで、四文字で答えましょう。

□□□□

俳句・短歌

俳句②

名前

㋐雪とけて村いっぱいの子どもかな

小林一茶

（意味）

雪がとけて、子どもたちがいっせいに外に出てきて、村中にあふれかえっているよ。

※春の句。季語（きせつの言葉）は「雪どけ」。

上の俳句と（意味）の文章を読んで、答えましょう。

(1) 上の俳句を五・七・五の音に分けて、ひらがなで書きましょう。

□□□□□	□□□□□□□	□□□□□

(2) ㋐雪とけてとは、いつのころのことですか。一つに○をつけましょう。

（　）春がおわったころ

（　）春が来たころ

（　）冬が来たころ

(3) 村中に何があふれかえっているのですか。俳句の中の言葉三文字で答えましょう。

□□□

（令和六年度版　光村図書　国語　三上　わかば「俳句を楽しもう」による）

俳句・短歌

俳句③

名前

夏山や一足づつ(ず)に海見ゆる

小林一茶

(意味)

山を登り、ちょうじょうが近づいてきた。一歩進むごとに、明るい夏の海が見えてくる。

上の俳句と(意味)の文章を読んで、答えましょう。

(1) 上の俳句を五・七・五の音に分けて、ひらがなで書きましょう。

(2) 上の俳句の「季語(きせつを表す言葉)」は何ですか。二文字で答えましょう。

(3) 山を一歩進むごとに見えてきたものは、何ですか。(意味)の文章から書き出しましょう。

(令和六年度版 光村図書 国語 三上 わかば「俳句を楽しもう」による)

俳句④

名前

鶯のあかるき声や竹の奥

和田　希因

（意味）
竹林のおくのほうから、うぐいすの明るく鳴く声が聞こえてくるよ。

※春の句。

上の俳句と（意味）の文章を読んで、答えましょう。

(1) 上の俳句を五・七・五の音に分けて、ひらがなで書きましょう。

(2) 上の俳句の「季語（きせつを表す言葉）」は何ですか。きせつを感じる生き物の名前を（意味）の文章の言葉四文字で答えましょう。

(3) うぐいすの鳴く声は、どこから聞こえてきますか。（意味）の文章から書き出しましょう。

（　　　　）のほう

（令和六年度版　東京書籍　新編　新しい国語　三下「俳句に親しもう」による）

俳句・短歌

俳句⑤

名前

をりとりてはらりとおもきすすきかな

飯田　蛇笏

（意味）

すすきをおり取ると、ゆたかな穂がはらりとたれ、㋐思いがけずそのおもみを手に感じることだ。

※秋の句。季語（きせつの言葉）は「すすき」。

上の俳句と（意味）の文章を読んで、答えましょう。

(1) 上の俳句を五・七・五の音に分けて、ひらがなで書きましょう。

(2) おり取ったものは何ですか。

(3) ㋐そのおもみを手に感じるとありますが、俳句の作者は、何のおもみを感じたのですか。〇をつけましょう。

（　）すすきのはっぱのおもみ

（　）すすきのゆたかな穂のおもみ

（令和六年度版　東京書籍　新編　新しい国語　三下「俳句に親しもう」による）

俳句⑥

名前

あ いくたびも雪の深さを尋ねけり

正岡 子規

（意味）

ねたきりの自分は、雪の様子を見ることができない。つい、何度も家の人に、い雪がどれくらいつもったかとたずねているよ。

※冬の句。

（令和六年度版　東京書籍　新編　新しい国語　三下「俳句に親しもう」による）

上の俳句と（意味）の文章を読んで、答えましょう。

(1) 上の俳句を五・七・五の音に分けて、ひらがなで書きましょう。

(2) あいくたびもとは、（意味）の文章では、何と書いてありますか。

(3) いたずねているのは、だれですか。○をつけましょう。

（　）ねたきりの自分

（　）家の人

(4) 何をいたずねているのですか。俳句の中の言葉四文字で答えましょう。

名前

遠山に日の当たりたる枯野かな

高浜　虚子

（意味）
目の前には
かれ野が広がっているが、
そのはての遠くの山には
冬の日が当たっている

※冬の句。

上の俳句と（意味）の文章を読んで、答えましょう。

(1) 上の俳句を五・七・五の音に分けて、ひらがなで書きましょう。

(2) この俳句は、冬の様子を表していますが、「季語（きせつを表す言葉）」は何ですか。○をつけましょう。

（　）遠山

（　）枯野

(3) 目の前には、何が広がっていますか。（意味）の文章の言葉三文字で答えましょう。

(4) どこに日が当たっていますか。俳句の中の言葉で答えましょう。

（令和六年度版　東京書籍　新編　新しい国語　三下「俳句に親しもう」による）

俳句・短歌

短歌①

名前

1

短歌は、五・七・五・七・七の三十一音で作られた短い詩です。
短歌の三十一音の中には、しぜんの様子や、そこから感じられること、心に思ういろいろなことなどが表されています。

2

あ むしのねも　のこりすくなに
なりにけり
い よなよなかぜの　さむくしなれば

良寛

（意味）
虫の鳴き声もあまり聞こえなくなってきたなあ。
夜ごとにふく風が寒くなるので。

上の1の文章を読んで、答えましょう。

(1) 次の□にあてはまる数を漢字で書きましょう。

短歌は、□・□・□・□・□の□□□音で作られた短い詩です。

上の2の短歌と（意味）の文章を読んで、答えましょう

(1) 短歌の作者の名前は何ですか。ひらがなで書きましょう。

□

(2) 季節はいつごろですか。○をつけましょう。

（　）夏のはじめ
（　）秋のおわり

(3) あむしのねとは、何ですか。（意味）の文章の言葉五文字で答えましょう。

□□□□□

(4) いよなよなかぜとは、どのような風のことですか。（意味）の文章の言葉から書き出しましょう。

□

（令和六年度版　光村図書　国語　三下　あおぞら「短歌を楽しもう」による）

短歌②

名前

秋風の吹きにし日より音羽山
㋐峰のこずゑも色づきにけり

紀 貫之

（意味）
秋風がふき始めたその日から、
音羽山のちょうじょうでは、
㋑木のえだの先も
色づき始めていたのだなあ。

上の短歌と（意味）の文章を読んで、答えましょう。

(1) 上の短歌を五・七・五・七・七の音に分けて、ひらがなで書きましょう。

(2) ㋐峰とは、山のどんなところのことですか。（意味）の文章の言葉六文字で答えましょう。

(3) 木のえだの先のことを短歌では何とよんでいますか。

(4) ㋑木のえだの先も色づき始めていたとありますが、木のえだの先はどのように色づき始めているのですか。一つに○をつけましょう。

（　）秋もおわって、茶色くなってかれてきている。

（　）秋になって、すっかり紅葉している。

（　）春がすぎて、緑が美しくなっている。

（令和六年度版　光村図書　国語　三下　あおぞら「短歌を楽しもう」による）

せつめい文
文様

名前

1

㋐

② ㋐の文様は、「つるかめ」といわれるものの一つです。かめのこうらのような形の中に、つるとかめがいます。つるは千年、かめは万年生きるという言いつたえがあります。元気で長生きをすることをねがう文様です。

2

㋑

③ ㋑の文様は、「かりがね」といいます。わたり鳥のかりがとぶ様子を表しています。かりは、遠くからよい知らせをはこんでくれる鳥だといわれてきました。しあわせがやって来ることをねがう文様です。

（令和六年度版　光村図書　国語　三上　わかば　熊谷　博人）

1 の文章を読んで、答えましょう。

(1) ㋐の文様は、何といわれる文様の一つですか。

(2) どんな言いつたえがありますか。

つるは（　　　　）、
かめは（　　　　）生きる

(3) ㋐の文様は、どんなことをねがう文様ですか。

2 の文章を読んで、答えましょう。

(1) ㋑の文様は、何がどうする様子を表していますか。

(2) 「かりがね」の文様は、どんなことをねがう文様ですか。

せつめい文

鳥になったきょうりゅうの話①

名前

1

あなたは、きょうりゅうの化石を見たことがありますか。はくぶつ館などにあるきょうりゅうのほねの化石を見ると、わたしたちは、その大きさにびっくりさせられます。

あこんなに大きな生き物たちが、本当にいたのです。

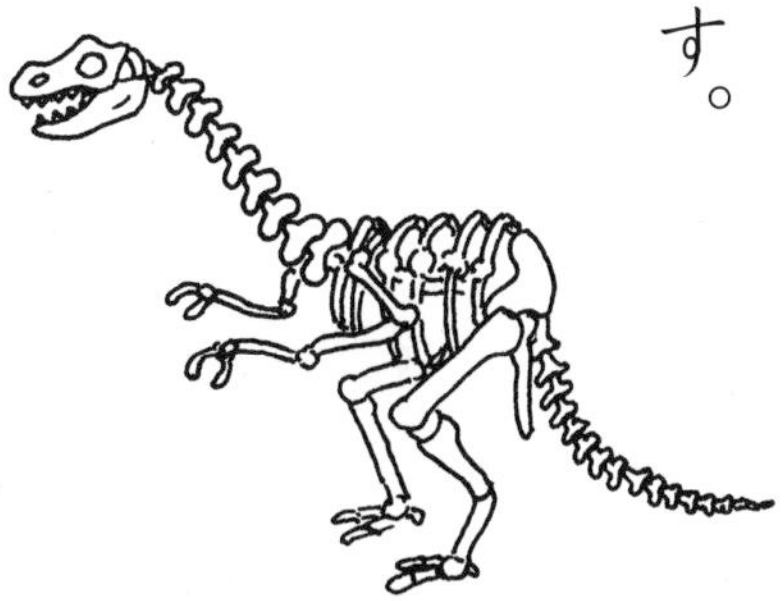

2

きょうりゅうがすんでいたのは、ずうっとずうっと大昔のことです。そのころの地球はとてもあたたかくて、きょうりゅうたちにとってはくらしやすい所だったのです。

（令和六年度版　光村図書　国語　三上　わかば　大島　英太郎）

1 の文章を読んで、答えましょう。

(1) きょうりゅうのほねの化石を見ると、どんなことにびっくりさせられますか。

化石の（　　　　）

(2) あこんなに大きな生き物たちと同じものを表す言葉を文中から見つけて、六文字で答えましょう。

□□□□□□

2 の文章を読んで、答えましょう。

(1) きょうりゅうがすんでいたのは、いつのことですか。

（　　　　）のこと。

(2) きょうりゅうがすんでいたころの地球はどんな所でしたか。

とても（　　　　）て、きょうりゅうたちにとっては（　　　　）所

せつめい文

鳥になったきょうりゅうの話②

名前

1

きょうりゅうには、植物を食べるものや、ほかのきょうりゅうをおそって食べる肉食のものなど、㋐いろいろなしゅるいがいました。

㋑見た目もさまざまで、体がかたいうろこにおおわれているものもいれば、ふさふさとした羽毛が生えているもの、そのりょうほうをもつものもいました。

2

ところで、きょうりゅうは、みな大きかったわけではありません。なかには、ねこや犬ぐらいの大きさのきょうりゅうもいて、すばやく走り回りながら、とかげやねずみににた動物などをつかまえて食べていました。これらの㋒小さなきょうりゅうたちにも、羽毛が生えているものがいました。

※羽毛…鳥の体に生えている、やわらかくてかるい羽。

（令和六年度版　光村図書　国語　三上　わかば　大島　英太郎）

上の1・2の文章を読んで、答えましょう。

1

(1) ㋐いろいろなしゅるいとありますが、きょうりゅうには、どんなものがいましたか。二つ書きましょう。

（　　　　）もの

ほかのきょうりゅうを（　　　　）のもの

(2) ㋑見た目もさまざまとありますが、きょうりゅうにはどんな見た目のものがいましたか。あてはまるもの三つに○をつけましょう。

（　）体がかたいうろこにおおわれているもの

（　）ふさふさとした羽毛が生えているもの

（　）うろこも羽毛もないもの

（　）うろこも羽毛もあるもの

2

(1) ㋒小さなきょうりゅうたちは、どんな動物ぐらいの大きさでしたか。

（　　）や（　　）ぐらい。

(2) ㋒小さなきょうりゅうたちは、どのようなものをつかまえて食べていましたか。

（　　）や（　　）ににた動物

せつめい文

鳥になったきょうりゅうの話 ③

名前

1

小さなきょうりゅうたちにも、羽毛が生えているものがいました。

やがてそれらの中に、木の上でくらすものがあらわれました。木の上なら、地面の上とちがっててきにおそわれることも少ないし、えさとなる虫などもたくさんいたからです。

2

㋐これらのきょうりゅうは、体がかるかったので、手あしをバタバタと動かして木に登ることができました。

木の上で生活を始めたきょうりゅうたちのしそんは、とても長い年月がたつうちに、木から木へととびうつってくらすようになりました。

（令和六年度版　光村図書　国語　三上　わかば　大島　英太郎）

1の文章を読んで、答えましょう。

(1) 小さなきょうりゅうたちの中に、どこでくらすものがあらわれましたか。

(2) 木の上でくらすと、どんなよいことがありますか。二つ書きましょう。

（　　　）の上とちがって（　　　）ことが少ないこと。

（　　　）となる（　　　）などもたくさんいたこと。

2の文章を読んで、答えましょう。

(1) ㋐これらのきょうりゅうにあてはまる方に○をつけましょう。

（　）木の上でくらすきょうりゅう

（　）地面の上でくらすきょうりゅう

(2) ㋐これらのきょうりゅうが、木に登ることができたのはなぜですか。

体が（　　　）ので。

(3) 木の上で生活を始めたきょうりゅうたちのしそんは、やがてどのようになりましたか。

木から木へと（　　　）くらすようになりました。

せつめい文
「給食だより」を読みくらべよう

名前

たより①

しっかりと野菜を食べよう

給食で出した野菜が毎日のこっています。わたしたちは、みなさんに、しっかりと野菜を食べてほしいと思っています。なぜなら、野菜には、大切なえいようがあるからです。

たとえば、夏の野菜であるトマトには、ビタミンというものがふくまれています。このビタミンは、体の調子をととのえるのに、なくてはならないものです。同じ夏の野菜であるキュウリには、カリウムというものがふくまれています。これは、体の中の水分を調節するはたらきをするものです。このほか、トマトやキュウリには水分も多くふくまれているので、あせをかく暑いときに食べるのに、ちょうどよい野菜です。

たより②

しっかりと野菜を食べよう

給食で出した野菜が毎日のこっています。わたしたちは、みなさんに、しっかりと野菜を食べてほしいと思っています。なぜなら、育てている人たちのあいじょうがこめられた野菜をのこすのは、もったいないことだからです。

たとえば、夏の野菜であるトマトを作るためには、「わきめかき」という作業がいります。わきめとは、えだと葉の間から生えてくるめのことで、トマトの実を大きく育てるためには、このわきめをつみとらなければなりません。わきめかきは、一つ一つ手作業で行うのでとてもたいへんな作業ですが、トマトをおいしく食べてもらうために、あいじょうをこめて行っているのです。

上の「たより①」と「たより②」の文章を読みくらべて、答えましょう。

(1) 「たより①」「たより②」の文の題名は何ですか。

(2) 「たより①」を読んで、（　）にあてはまる言葉を書きましょう。

夏の野菜であるトマトには、（　　　　）というものがふくまれています。

(3) 「たより②」を読んで、（　）にあてはまる言葉を書きましょう。

夏の野菜であるトマトを作るためには、「（　　　　）」という作業がいります。

(4) 次の内ようは、どちらのたよりに書かれていますか。たより①には①、たより②には②と書きましょう。

（　）野菜には、大切なえいようがあること。

（　）野菜をのこすのは、もったいないということ。

（　）夏の野菜は、あせをかく暑いときに食べるとよいということ。

（　）野菜を育てる作業はたいへんだということ。

（令和六年度版　東京書籍　新編　新しい国語　三上「「給食だより」を読みくらべよう」による）

せつめい文

ジャイアンとぼく

名前

1

たとえば、おしばいの練習で、
ほかの人にたいして
「そこがだめなんだよ。直してほしい。」
という言い方はぜったいしない。
「今の演技、とてもよかったよ。
でも、こうしてみたら、
もっとよくなるんじゃない？」
と、前向きな言葉で声をかける。
きれいな言葉を使うことで、
聞き手の気持ちも大きく
かわってくると
しんじているからだ。

2

そう心がけているのには、ほかにもわけがある。それは、ジャイアンというキャラクターや、「ドラえもん」という作品を未来にのこしていかなければいけないと思うからだ。ジャイアンの声優になるという、人生をかけたミッションが始まったその日から、ぼく自身が口にする言葉、かかわるもの、歩き方をふくめて、一挙手一投足、気をつけなければいけないと思って、生きている。

いつか、「ドラえもん」を、ジャイアンの声優を、次の世だいの人たちに引きつぐために。

（令和六年度版　東京書籍　新編　新しい国語　三上　木村　昴）

1 の文章を読んで、答えましょう。

(1) おしばいの練習で、ほかの人にたいしてぜったいしない言い方を文中から書き出しましょう。

「（　　　　）（　　　　）。」

(2) 聞き手の気持ちが大きくかわってくるのは、どのような言葉ですか。二つ書きましょう。

（　　　　）な言葉

（　　　　）な言葉

2 の文章を読んで、答えましょう。

(1) 未来にのこしていかなければいけないと「ぼく」が思うものはどんなものですか。二つ書きましょう。

（　　　　）という キャラクター

「（　　　　）」という作品

(2) 「ぼく」が、人生をかけたミッションとは、どんなことでしょうか。
（習っていない漢字は、ひらがなで書きましょう。）

（　　　　）の（　　　　）になるということ。

せつめい文

せっちゃくざいの今と昔①

名前

1

さて、今使われているせっちゃくざいの多くは、工場で作られていますが、わたしたちは昔から、自然にあるざいりょうを使って、せっちゃくざいを作ってきました。その中には、料理に使うようなざいりょうから作ったものもありました。

2

その一つが、米から作るのりです。たいた米をへらでですりつぶし、水をまぜてよく練っていくと、のりができあがります。八十年くらい前までは、そうやって家でのりを作り、ふうとうのふたをとじたりしょうじをはりかえたりするのに使っていました。

※せっちゃくざい…のりのように物と物とをくっつけるはたらきをするもの。

（令和六年度版　東京書籍　新編　新しい国語　三下　早川　典子）

上の1・2の文章を読んで、答えましょう。

1 (1) 今使われているせっちゃくざいの多くは、どこで作られていますか。

(2) わたしたちは昔から、どのようなざいりょうを使って、せっちゃくざいを作ってきましたか。
（習っていない漢字は、ひらがなで書きましょう。）

（　　　）にあるざいりょう。その中には、（　　　）ようなざいりょうもあった。

2 (1) どんなのりについて書かれていますか。

（　　　）のり

(2) どうすると、のりができあがりますか。

たいた（　　）を（　　）ですりつぶし、（　　）をまぜてよく練っていく。

(3) 家で作ったのりを、どのようにするのに使っていましたか。

（　　　）たり（　　　）たりするのに使っていました。

せつめい文

せっちゃくざいの今と昔②

名前

1

もう一つが、「にかわ」です。にかわは、動物のほねや皮を長い時間にた後に、にたしるをかわかしてかためて作ります。

2

使うときには、使う分のにかわを水に入れ、火にかけてとかして使います。にかわは、家具や楽器を作るときや、絵の具を作るときに使われてきました。

3

にかわは食べ物ではありませんが、料理に使うゼラチンは、にかわと同じように動物のほねや皮から作られたものです。

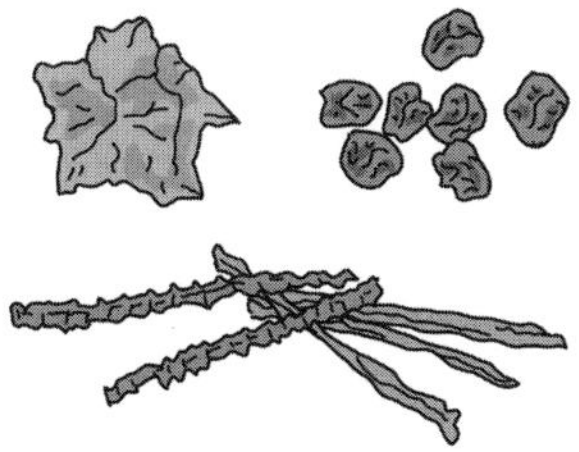

さまざまな形のにかわ

（令和六年度版　東京書籍　新編　新しい国語　三下　早川　典子）

上の1〜3の文章を読んで、答えましょう。

1

(1) 「にかわ」は、何をにて作りますか。

(2) 「にかわ」を作るときのじゅんになるように（　）に番号を書きましょう。

（１）ざいりょうを長時間にる。

（　）かためる。

（　）にたしるをかわかす。

2

(1) 「にかわ」を使うときのじゅんになるように（　）に番号を書きましょう。

（　）火にかけてとかす。

（　）水に入れる。

(2) 「にかわ」は、どのようなものを作るときに使われますか。三つ書きましょう。

（習っていない漢字は、ひらがなで書きましょう。）

3

(1) ゼラチンのざいりょうは何ですか。

(2) 次の文で、正しいもの二つに○をつけましょう。

（　）ゼラチンは食べられません。

（　）にかわは食べ物ではありません。

（　）にかわと同じざいりょうから作られたゼラチンは料理に使います。

せつめい文

せっちゃくざいの今と昔③

名前

1

このように、わたしたちは昔から、自然にあるものを使ってせっちゃくざいを作ってきました。ただ、これらのせっちゃくざいには、ふべんな点もありました。それは、くさりやすかったり、寒いときにきちんとくっつかなかったりするという点です。

2

そのため、くさりにくかったり、寒くてもくっついたりするせっちゃくざいが新しく工場で作られるようになると、㋐そちらのほうがだんだん使われるようになりました。今、わたしたちが使っているせっちゃくざいは、ほとんどが工場で作られたものです。

（令和六年度版　東京書籍　新編　新しい国語　三下　早川　典子）

上の1・2の文章を読んで、答えましょう。

1 (1) わたしたちは昔から、どんなものを使ってせっちゃくざいを作ってきましたか。
（習っていない漢字は、ひらがなで書きましょう。）

(2) 昔から作ってきたせっちゃくざいのふべんな点を二つ書きましょう。

（　　）やすい。

（　　）ない。

2 (1) ㋐そちらとは、どんなものですか。〇をつけましょう。

（　）自然にあるものを使って作った、昔からのせっちゃくざい

（　）新しく工場で作られるようになったせっちゃくざい

(2) 今、わたしたちが使っているせっちゃくざいは、ほとんどがどこで作られたものですか。

せつめい文

カミツキガメは悪者か ①

名前

1

六月になってすぐのころ、わたしは、たまごをうんでいるカミツキガメを見つけました。カミツキガメは、地面にあなをほって、その中にたまごをうみます。

2

見つけたカメがたまごをうんでから三か月がすぎたころ、たまごからかえった子ガメたちが地上にあらわれました。みんなどろまみれです。そうしてすぐに、田んぼや水路、池やぬまなどにちらばっていきます。こんなに小さな子ガメがおもたい土をかきわけて出てくるのは、たいへんだったことでしょう。

（令和六年度版　東京書籍　新編　新しい国語　三下　松沢　陽士）

1の文章を読んで、答えましょう。

(1) たまごをうんでいるカミツキガメを見つけたのは、いつのころですか。

（　　　）のころ

(2) カミツキガメは、どこにたまごをうみますか。

（　　　）にほった

（　　　）の中

2の文章を読んで、答えましょう。

(1) たまごからかえった子ガメたちが地上にあらわれるのは、カメがたまごをうんでからどれくらいすぎたころですか。

(2) 地上にあらわれた子ガメたちは、みんなどんな様子でしたか。文中の言葉五文字で答えましょう。

(3) 子ガメたちは、すぐに、どのような場所にちらばっていきますか。四つ書きましょう。

せつめい文

カミツキガメは悪者か ②

名前

1

土の中から出てくる子ガメを見て、わたしははっとしました。カミツキガメは一生けん命に生きて、子そんをのこそうとしているけれど、日本の自然の中にいてはいけない生き物なのです。

2

なぜなら、カミツキガメが日本にすみつくことで、もともとそこにすんでいたいろいろな生き物が、食べられたり、えさやすみかのうばい合いに負けたりして、いなくなってしまうかもしれないからです。そして、カミツキガメがふえることで、こまる人がいるからです。

（＊「日本」は「にほん」とも読みます。）

（令和六年度版　東京書籍　新編　新しい国語　三下　松沢　陽士）

上の1・2の文章を読んで、答えましょう。

1

(1) わたしは、何を見て、はっとしましたか。

(2) カミツキガメは、どこにいてはいけない生き物だといっていますか。（習っていない漢字は、ひらがなで書きましょう。）

2

(1) カミツキガメが日本にすみつくことで、どんな生き物が、いなくなってしまうかもしれないのですか。

（　　）いろいろな生き物

(2) いろいろな生き物が、どのようにして、いなくなってしまうかもしれないのですか。

カミツキガメに（　　）たり、（　　）や（　　）のうばい合いに（　　）たりして。

(3) どんなことで、こまる人がいるのですか。

カミツキガメが（　　）こと。

せつめい文

カミツキガメは悪者か ③

名前

1

印旛沼やそのまわりでは、実さいにどのようなことが起こっているのでしょうか。

たとえば、田んぼのおじさんは、どろの中にひそんでいるカミツキガメをふんでしまうことが、たびたびあると言っていました。もしも、ふまれておどろいたカミツキガメに、足をかまれたらたいへんです。(あ)大けがをするかもしれません。

2

また、りょうしさんは、魚をとるあみにかかったカミツキガメが、あみをやぶってにげていくことがあると教えてくれました。これでは、せっかくとれた魚たちも、あなからにげてしまいます。

※印旛沼…千葉県にある沼。沼とは、ふつう、湖よりも浅くて小さく、どろが多い。

（令和六年度版　東京書籍　新編　新しい国語　三下　松沢　陽士）

上の1・2の文章を読んで、答えましょう。

1

(1) カミツキガメは、どこにひそんでいるのですか。

[　　　　]

(2) 田んぼのおじさんは、どんなことが、たびたびあると言っていましたか。

カミツキガメを（　　　　）こと。

(3) おじさんがどうなったら、(あ)大けがをするかもしれないのですか。

カミツキガメに（　　　　）を（　　　　）たら。

2

(1) 魚をとるあみにかかったカミツキガメが、あみをやぶってにげていくことがあると教えてくれたのは、だれですか。

[　　　　]

(2) あみがやぶられると、どんなものがあなからにげてしまいますか。

せっかく（　　　　）

せつめい文

カミツキガメは悪者か ④

名前

1

このようなことをふせぎ、カミツキガメのひがいを少しでもへらそうと、印旛沼やそのまわりでは、たくさんの人たちがカミツキガメをつかまえて、取りのぞいています。もし、カミツキガメをそのまま放っておけば、やがて印旛沼のまわりの水べはカミツキガメだらけになってしまうからです。

2

なぜ印旛沼のまわりでは、カミツキガメがふえてしまったのでしょうか。それは、ペットにするために外国からつれてきたカミツキガメを、人が放してしまったからです。さらに、印旛沼には、大きくなったカミツキガメをおそうような生き物がいません。これでは、カミツキガメがふえるのも㋐とうぜんです。

（令和六年度版　東京書籍　新編　新しい国語　三下　松沢　陽士）

上の1・2の文章を読んで、答えましょう。

1

(1) カミツキガメのひがいを少しでもへらすために、たくさんの人たちがどのようにしていますか。

カミツキガメを（　　　　）て（　　　　）います。

(2) カミツキガメをそのまま放っておけば、やがて印旛沼のまわりの水べはどうなってしまいますか。

（　　　　）になってしまう。

2

(1) ㋐とうぜんと同じ意味を表す言葉に○をつけましょう。

（　）おどろき　（　）あたりまえ

(2) なぜ印旛沼のまわりでは、カミツキガメがふえてしまったのですか。理由を二つ書きましょう。

（　　　　）にするために（　　　　）カミツキガメを、人が（　　　　）から。

印旛沼には、（　　　　）カミツキガメを（　　　　）ような生き物がいないから。

せつめい文

カミツキガメは悪者か ⑤

名前

1

かっている生き物を、自然の中に放せば、その生き物が幸せになれると思う人もいるかもしれません。

でも、Ⓐそれはまちがっています。Ⓘそこにいなかった生き物が自然の中でふえ、もともといた生き物や人の生活にえいきょうが出るようなことになれば、その生き物は、自然の中から取りのぞかなければならなくなるからです。

2

カミツキガメもそうした生き物の一つです。日本の自然の中にいてはいけない生き物として、取りのぞかれていくカミツキガメ。

そんなカミツキガメが幸せではないことは、きっとだれにでも分かるはずです。

3

カミツキガメのような悲しい生き物をふやさないためには、どうすればよいのか。わたしたち一人一人が、生き物をかうときのせきにんとルールについて考えなければなりません。

（＊「日本」は「にほん」とも読みます。）

（令和六年度版　東京書籍　新編　新しい国語　三下　松沢　陽士）

上の1〜3の文章を読んで、答えましょう。

1 (1) Ⓐそれとは、どんな考えのことをいっていますか。
（習っていない漢字は、ひらがなで書きましょう。）

かっている生き物を、
（　　　　）に放せば、
その生き物が
（　　　　）
という考え

(2) Ⓘそこにいなかった生き物が自然の中でふえて、どのようなことになると、その生き物は、自然の中から取りのぞかれていくのですか。

（　　　　）生き物や
人の生活に（　　　　）が
出るようなこと。

2 カミツキガメは、日本の自然の中では、どんな生き物だといっていますか。

日本の自然の中に
（　　　　）生き物

3 どんなことについて考えなければならないといっていますか。

生き物をかうときの（　　　　）
と（　　　　）について。

※児童に取り組ませる前に、必ず先生が問題を解いてください。本書の解答や指導にあたっては、あくまで１つの例です。児童の多様な考えに寄り添って、○つけをお願いします。

解答例

※ワークシートと解答例は、学習する児童の実態にあわせて拡大してお使いください。

6頁

物語　一文を読みとろう ①　　名前

1
青い空に
大きな白い雲が、
ポッカリと
うかんでいました。

2
先週の土曜日、
雨がふったので、
あゆみさんは、妹と
友だちの ちあきさんの
三人でぬり絵をして
あそびました。

1の文を読んで、答えましょう。

(1) 空は何色でしたか。
青(色)

(2) どんな雲が、うかんでいましたか。
(**大きな白い**)雲

(3) 雲は、どのようにうかんでいましたか。
ポッカリと
うかんでいました。

2の文を読んで、答えましょう。

(1) いつのことですか。
先週の土曜日

(2) 友だちの名前を書きましょう。
ちあき(さん)

(3) 三人で、何をしてあそびましたか。
ぬり絵

6

7頁

物語　一文を読みとろう ②　　名前

1
春になると、
かえるたちが
ねむっている土の上には、
あたたかい風が
さらさらと
ふき始めます。

2
夏になると、七年間も
土の中ですごしてきた
セミのよう虫たちが、
夜になるのをまって、
木にのぼり始めました。

3
秋になってすずしくなると、
学校の近くの公園には、
ピンクや白色の
コスモスが
たくさんさきます。

1の文を読んで、答えましょう。

(1) 風は、どこにふいていますか。
かえるたちがねむっている土の上

(2) さらさらとふき始めたのは、何ですか。
あたたかい風

2の文を読んで、答えましょう。

(1) セミのよう虫は、七年間、どこですごしてきましたか。
土の中

(2) セミのよう虫が、木にのぼり始めたのは、一日のうちのいつですか。
夜

3の文を読んで、答えましょう。

(1) きせつはいつですか。
秋

(2) コスモスはどこにさいていますか。
(**学校**)の近くの
(**公園**)

7

8頁

物語　一文を読みとろう ③　　名前

1
学校からの帰り、
花子さんは、野原で、
たくさんのシロツメクサを
見つけました。

2
みさきさんは、
妹のたん生日に、
公園にさいていた
シロツメクサで
花わを作って、
妹に
あげました。

1の文を読んで、答えましょう。

(1) 花子さんは、何を見つけましたか。
たくさんの
(**シロツメクサ**)

(2) いつ、見つけましたか。
学校からの帰り

(3) どこで、見つけましたか。
野原

2の文を読んで、答えましょう。

(1) みさきさんは、何をつかって、花わを作りましたか。
(**公園にさいていた**)
シロツメクサ

(2) みさきさんは花わを作って、どうしましたか。
妹にあげました。

(3) 妹に花わを作ってあげたのは、なぜですか。○をつけましょう。
(　) 妹がほしがったから。
(**○**) 妹のたん生日だったから。

8

9頁

物語　一文を読みとろう ④　　名前

1
はるきさんは、はたけで
トウモロコシを育てるために、
まず、トウモロコシが
よく育つように土づくりを
しました。

2
アキさんは、
いとこのよしおさんから
メダカをもらったので、
すぐに水そうを用意しました。

1の文を読んで、答えましょう。

(1) はるきさんは、どこでトウモロコシを育てようとしていますか。
はたけ

(2) はるきさんは、トウモロコシがよく育つように、まず、何をしましたか。
土づくり

2の文を読んで、答えましょう。

(1) アキさんは、だれから、何をもらったのですか。
(だれから) **(いとこの)よしおさん**
(何を) **メダカ**

(2) アキさんがすぐに用意したものは、何ですか。
水そう

9

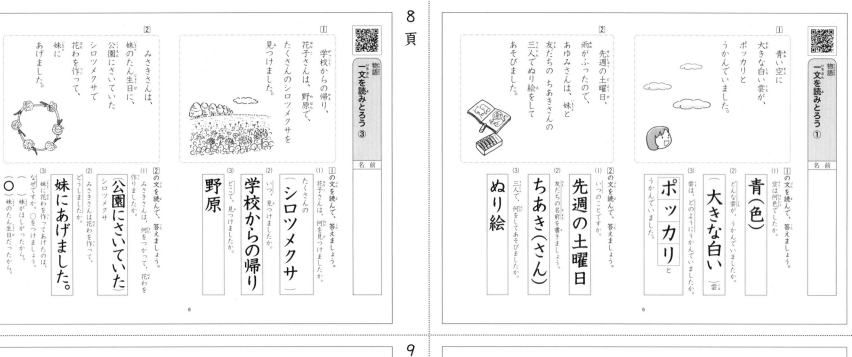

解答例

※ワークシートと解答例は、学習する児童の実態にあわせて拡大してお使いください。

10頁

物語　二文の文章を読みとろう ①

名前

1
きょうは、図工の時間に
うごく車を作ります。
わたしは、牛にゅうパックと
キャップと竹ひごを
用意しました。

2
学校から帰ると、
テーブルの上に、
お母さんからの手紙を
見つけました。
手紙には、きょうの
おやつのことが
書いてありました。

1 の文章を読んで、答えましょう。

(1) きょう、図工の時間に作るものは何ですか。

うごく車

(2) わたしが、用意したものは何ですか。三つ書きましょう。

※順不同

牛にゅうパック
キャップ
竹ひご

2 の文章を読んで、答えましょう。

(1) 学校から帰って、だれからの手紙を見つけましたか。

お母さん

(2) 手紙には、どんなことが書いてありましたか。

きょうのおやつのこと。

11頁

物語　二文の文章を読みとろう ②

名前

1
わたしは、お父さんと
小鳥のすばこを作って、
にわの木にかけました。
うまく、小鳥がすみついて、
たまごをうんでくれると
いいなと思います。

2
明るかった空が
きゅうにくらくなり、
大つぶの雨がふってきました。
しおれかけて
元気のなかったあじさいが、
生き生きとして
きました。

1 の文章を読んで、答えましょう。

(1) わたしは、お父さんと何を作りましたか。

（**小鳥**）の（**すばこ**）

(2) すばこを、どこにかけましたか。

にわの木

(3) わたしが、いいなと思っていることに○をつけましょう。

（　）すばこがうまく作れること。
（**○**）小鳥がすみついて、たまごをうむこと。

2 の文章を読んで、答えましょう。

(1) 明るかった空が、どうなりましたか。

きゅうに（**くらく**）なり、（**大つぶの雨**）がふってきました。

(2) あじさいは、どのようにかわりましたか。

（**しおれ**）かけて、（**元気**）のなかったあじさいが（**生き生き**）としてきました。

12頁

物語　二文の文章を読みとろう ③

名前

1
まさきは、わき目もふらずに
こうこくの紙で
ひこうきをおっています。
少しでも長い間
とびつづけるひこうきを
作ってみたかったからです。

※わき目もふらず…
ほかのことには
心を向けずに、
一つのことを
いっしょうけんめいに
するようす。

2
こうたの家の
げんかんのたなの上には、
メダカをかっている水そうが
おいてあります。
二月に見たときには、
メダカは三びきでしたが、
たまごがかえって
今は、五ひきに
ふえています。

1 の文章を読んで、答えましょう。

(1) まさきは、どんな様子で紙ひこうきをおっていますか。○をつけましょう。

（　）ときどき休けいしながらおっている。
（**○**）わき目もふらずにおっている。

(2) まさきが、わき目もふらずにひこうきをおっているのは、なぜですか。

少しでも長い間とびつづけるひこうきを作ってみたかったから。

2 の文章を読んで、答えましょう。

(1) こうたの家では、どこでメダカをかっていますか。

げんかんの（**たな**）の上にある（**水そう**）

(2) メダカの数が三びきから五ひきにふえたのは、なぜですか。

（**たまご**）がかえったから。

13頁

物語　二文の文章を読みとろう ④

名前

1
かおりは、
ひとりぼっちのときに、
二かいのまどから
遠くの山のけしきを
見るのがすきでした。
そして、遠くの山に
登ってみたいと
思っていました。

2
朝から雨がふっている日、
でんでん虫が
へいの上を歩いて、
あじさいの木へ
向かっていました。
すると、そこへ
ちょうど となりのねこが
向こうから、へいの上の
でんでん虫の方へ
やって来ました。

1 の文章を読んで、答えましょう。

(1) かおりは、どんなときに、どこから遠くのけしきを見るのがすきでしたか。

（どんなとき）
（**ひとりぼっち**）のとき
（どこから）
（**二かいのまど**）から

(2) かおりは、どこへ登ってみたいと思っていましたか。

遠くの山

2 の文章を読んで、答えましょう。

(1) でんでん虫が歩いているのは、どこですか。

へいの上

(2) でんでん虫は、どこへ向かっているのですか。

あじさいの木

(3) 向こうからやって来たのは、何ですか。

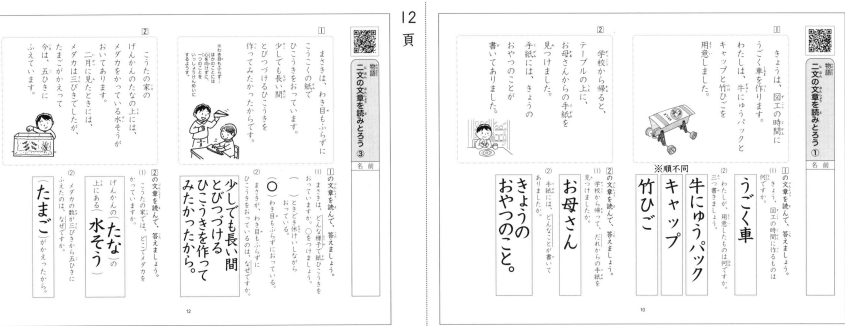

となりのねこ

解答例

※ワークシートと解答例は、学習する児童の実態にあわせて拡大してお使いください。

14頁

物語
二文の文章を読みとろう ⑤

名前

1
たくやさんのクラスで、グループごとに、ひとつの野さいを育てることになりました。
たくやさんのグループでは、ナスやキュウリがいいという意見も出ましたが、話し合いのけっか、育てるのはミニトマトに決まりました。

2
りえさんのグループでは、キュウリを二かぶ、なえから育てることになり、まず、畑の土に、ポットと同じくらいの大きさのあなをほりました。
そのあなに水を入れ、そこへキュウリのなえを入れたあと、まわりの土をかるくおさえて、じょうろでまた水をやりました。

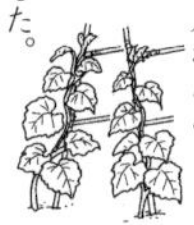

1 の文章を読んで、答えましょう。

(1) たくやさんのクラスで、グループごとに、何を育てることになりましたか。

（ひとつの）野さい

(2) たくやさんのグループで、育てることになったのは、何ですか。

ミニトマト

(3) (2)の野さいを育てることになったのは、どのようにして決まったのですか。〇をつけましょう。

（〇）グループで話し合って、決めた。
（　）たくやさんが、決めた。

2 の文章を読んで、答えましょう。

(1) りえさんのグループで、育てることになったのは、何という野さいですか。

キュウリ

(2) キュウリのなえを植えるじゅんばんになるように、1～4の番号を（　）に書きましょう。

（３）キュウリのなえをあなに入れる。
（１）畑の土に、ポットと同じくらいの大きさのあなをほる。
（２）ほったあなに、水を入れる。
（４）まわりの土をかるくおさえ、水をやる。

14

15頁

物語
三文の文章を読みとろう ①

名前

1
二学期の終わりに三年二組で、お楽しみ会をすることになりました。

2
きのうの六時間目の学級会で、ぼくたちはどんなお楽しみ会にするか、話し合いました。

3
クラスのみんなから、クイズ大会、歌合せん、魚つりゲーム、ドッジボール大会などの意見が出ましたが、ぼくは、みんな歌が上手なので歌合せんがいいなと思いました。

上の 1 ～ 3 の文章を読んで、答えましょう。
（習っていない漢字は、ひらがなで書きましょう。）

1
(1) お楽しみ会は、いつすることになりましたか。

二学期の終わり

(2) 何年何組でお楽しみ会をしますか。

三年二組

2 学級会は、いつ、どんな話し合いをしましたか。

（いつ）（きのう）の（六時間目）

（どんな）（お楽しみ会）にするか。

3
(1) ぼくがいいなと思ったのは、何ですか。

歌合せん

(2) ぼくが、(1)のことをいいなと思ったのは、なぜですか。

みんな（歌が上手）だから。

15

16頁

物語
三文の文章を読みとろう ②

名前

1
うっそうとした森をぬけた先に、みどりの草原があたり一面に広がっていました。

2
草原には、白い小さな花が、ところどころにひっそりとさいています。

3
あその中をまがりくねった細い道が一本町に向かってつづいていました。

上の 1 ～ 3 の文章を読んで、答えましょう。

1
(1) どんな森ですか。

（うっそう）とした森

(2) 森をぬけた先には、何がありましたか。

みどりの草原

2 草原にさいていたのは、どんな花ですか。一つに〇をつけましょう。

（　）赤い大きな花
（〇）白い小さな花
（　）赤い小さな花
（　）白い大きな花

3
(1) あそのは、何をあらわしていますか。一つに〇をつけましょう。

（　）森
（〇）草原
（　）町

(2) どんな道が一本、どこに向かってつづいていましたか。

（どんな道）
まがりくねった細い道

（どこに向かって）
（町）に向かって

16

17頁

物語
三文の文章を読みとろう ③

名前

1
うすぐらいゆかの下で、クモは、コオロギになやみを話しました。

2
あ「ぼくは、部屋の中にいる虫を食べているだけなのに、人間はどうしてぼくのことをきらうのだろう。」

3
コオロギは、「ぼくのようにコロコロコロコロといい声で鳴けば、人間にすかれるようになると思うよ。」と言いました。

上の 1 ～ 3 の文章を読んで、答えましょう。

1
(1) クモとコオロギは、どこで話をしていますか。

（うすぐらい）ゆかの下

(2) クモは、コオロギに何を話しましたか。

なやみ

2
(1) あはだれの言葉ですか。

クモ

(2) クモは、どんななやみを話しましたか。〇をつけましょう。

（　）部屋の中の虫を食べるには、どうすればいいのか。
（〇）人間はどうして自分をきらうのだろうか。

3
(1) コオロギは、いい声で何と鳴いていると言っていますか。

コロコロコロ

(2) コオロギは、クモがいい声で鳴けば、どのようになると思っていますか。

（人間にすかれる）ようになる。

17

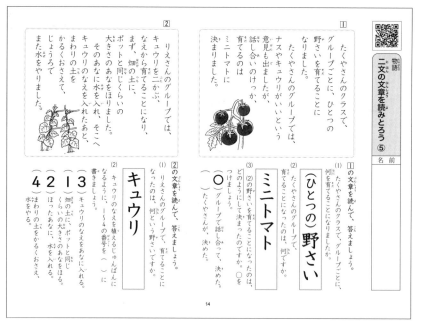

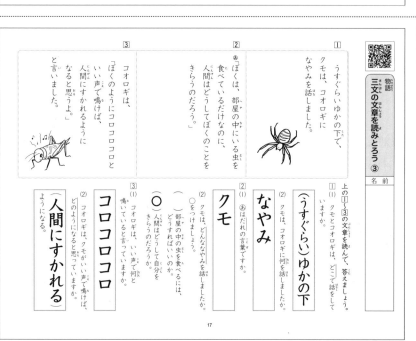

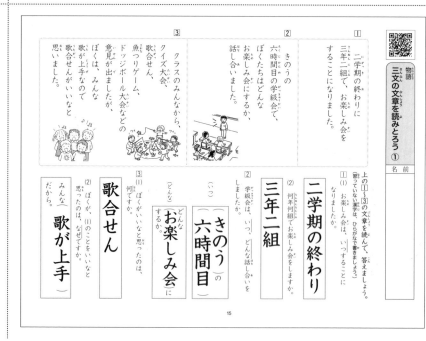

※児童に取り組ませる前に、必ず先生が問題を解いてください。本書の解答や指導にあたっては、あくまで１つの例です。児童の多様な考えに寄り添って、○つけをお願いします。

解答例

※ワークシートと解答例は、学習する児童の実態にあわせて拡大してお使いください。

18頁

物語
三文の文章を読みとろう ④

名前

1 めいの家では、ゴールデンレトリバーというしゅるいの大がた犬を、家の中でかっています。

2 めいのお母さんが、家の中で大がた犬をかってみたかったという子どものころからのゆめをかなえたのです。

3 めいがおやつのクッキーが大すきだったので、めいは、犬の名前をクッキーと名づけました。

上の1〜3の文章を読んで、答えましょう。

1 (1) めいの家でかっている大がた犬のしゅるいは、何ですか。

ゴールデンレトリバー

(2) どこでかっていますか。

家の中

2 (1) だれのゆめをかなえたのですか。

めいのお母さん

(2) どんなゆめをかなえたのですか。

（**家**）の中で（**大がた犬**）をかってみたかった。

3 (1) だれが、犬の名前をつけましたか。

めい

(2) 犬の名前をクッキーとしたのは、なぜですか。

（めいが）おやつのクッキーが大すきだったから。

19頁

物語
四文の文章を読みとろう ①

名前

1 一月にマラソン大会があるので、お兄ちゃんといっしょに、近くの川のていぼうに走りに行きました。

2 お兄ちゃんと走っていると、りくくんと まさくんが来たので、いっしょに走りました。

3 りくくんは、サッカークラブの練習でいつも走っているので、たくさん走ってもとても元気でした。

4 長いきょりを走ったあと、ぼくは、あせをかきましたが、川からの風がふいてきて気持ちよかったです。

上の1〜4の文章を読んで、答えましょう。

1 ていぼうに走りに行ったのは、なぜですか。

一月にマラソン大会があるから。

2 (1) お兄ちゃんと走っていると、だれとだれが来ましたか。

りくくんとまさくん

(2) みんなで何人で走りましたか。

四人

3 (1) たくさん走っても元気だったのはだれですか。

りくくん

(2) りくくんは、たくさん走っても、どんなようすでしたか。

とても元気でした。

4 ぼくが気持ちよかったのは、なぜですか。

（**川からの風がふいて**）きたから。

20頁

物語
四文の文章を読みとろう ②

名前

1 わたしとゆいなさんは、大のなかよしですが、ときどきケンカもしてしまいます。

2 きのうも、わたしのだいじな人形を、ゆいなさんが、だまってさわっていました。

3 あ「かってにさわらないでよ。」
い「少しぐらい、いいじゃないの。」
と、ケンカになりました。

4 でも、いつも、なんとなくなかなおりをしてしまうのです。

上の1〜4の文章を読んで、答えましょう。

1 わたしとゆいなさんのかんけいで、あてはまるもの一つに○をつけましょう。

（　）いつもケンカばかりしている。
（○）ときどきケンカもしてしまう。
（　）ケンカはしたことがない。

2 ゆいなさんは、何をさわっていたのですか。漢字二文字で答えましょう。

人形

3 あ、いは、だれが言った言葉ですか。

あ **わたし**

い **ゆいなさん**

4 ふたりは、いつも、どのようになかなおりをしますか。あてはまるもの一つに○をつけましょう。

（○）なんとなく。
（　）おたがいにあやまって。
（　）勝ち負けがはっきりして。

21頁

物語
四文の文章を読みとろう ③

名前

1 ぐらぐらと地しんがおきたのは、十二月八日六時三十二分、日の出前の暗いときでした。

2 地しんで目がさめた ほのかは、おそろしくて声も出せないで、ゆれがおさまるまでふとんの中でちぢこまっていました。

3 ほのかは、ゆれがおさまってから、やっと、落ち着いて行動しなくてはと考えることができました。

4 小さな地しんだったので、たなから物が落ちたり、ガラスがわれたりすることもあありませんでしたが、ほのかは、地しんはこわいと思いました。

上の1〜4の文章を読んで、答えましょう。（習っていない漢字は、ひらがなで書きましょう。）

1 地しんがおきたのは、いつでしたか。日づけと時こくを書きましょう。

十二月八日六時三十二分

2 (1) 目がさめた ほのかは、どうなりましたか。○をつけましょう。

（○）おそろしくて声も出せなかった。
（　）おそろしくて大声を出した。

(2) 地しんのゆれがおさまるまで、ほのかは、どのようにしていましたか。

ふとんの中でちぢこまっていました。

3 ゆれがおさまってから、ほのかは、やっと、どう考えることができましたか。

（**落ち着いて行動しなくては**）と考えることができました。

4 小さな地しんだったので、どんなことがあありませんでしたか。文中から書き出しましょう。

たなから物が落ちたり、ガラスがわれたりすること。

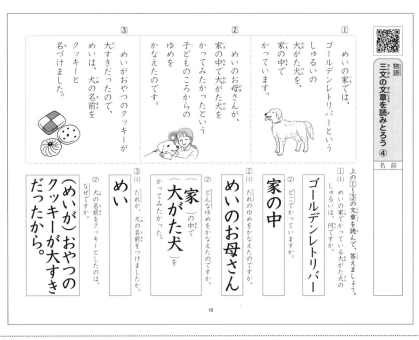

※ワークシートと解答例は、学習する児童の実態にあわせて拡大してお使いください。

※児童に取り組ませる前に、必ず先生が問題を解いてください。本書の解答や指導にあたっては、あくまで１つの例です。児童の多様な考えに寄り添って、○つけをお願いします。

22頁

物語
四文の文章を読みとろう ④

名前

1 かおるは、「夏休み　にんじゃ道場」というポスターを見て、行ってみることにしました。

2 道場へ行くと、ひげを長くのばして黒いふくをきたおじいさんの先生と、かおると同じようにポスターを見てやってきた小学生が二人いました。

3 にんじゃ道場では三週間の間、音を立てずにすばやく走るじゅつや、かくれ身のじゅつのしゅぎょうをしました。

4 かおるは、にんじゃ道場へ行ったおかげで、ドッジボールではすばやくにげることができ、かくれんぼでは上手にかくれることができるようになりました。

上の1〜4の文章を読んで、答えましょう。

1 かおるは、にんじゃ道場があることを何で知りましたか。

ポスター

2 にんじゃ道場の先生は、どんな人でしたか。

ひげを長くのばして黒いふくをきたおじいさん

3 にんじゃ道場では、どんなじゅつのしゅぎょうをしましたか。二つ書きましょう。（習っていない漢字は、ひらがなで書きましょう。）

音を立てずにすばやく走るじゅつ

かくれ身のじゅつ

4 かおるがにんじゃ道場へ行って、できるようになったことは何ですか。

● ドッジボールでは（すばやくにげる）こと。

● かくれんぼでは（上手にかくれる）こと。

23頁

物語
五文の文章を読みとろう

名前

1 運動会で、三年生は八十メートル走と、大玉ころがしと、リズム体そうに出場しました。

2 みなとは、八十メートル走を、四人で走って二ちゃくでした。

3 大玉ころがしは、赤組が勝ったので、みなとはとてもくやしがりました。

4 リズム体そうは、両手に赤色と白色のはたを一本ずつ持って、おどりました。

5 どのしゅもくも力いっぱいがんばりました。

上の1〜5の文章を読んで、答えましょう。

1 運動会で、三年生は、何に出場しましたか。三つ書きましょう。

※順不同

八十メートル走

大玉ころがし

リズム体そう

2 八十メートル走で、みなとは、何ちゃくでしたか。

二ちゃく

3 みなとは、何組ですか。○をつけましょう。

（　）赤組　（○）白組

4 リズム体そうは、両手に何を持っておどりましたか。

赤色と白色のはた

5 力いっぱいがんばったのは、どのしゅもくですか。一つに○をつけましょう。

（　）大玉ころがしをいちばんがんばった。

（　）リズム体そうをいちばんがんばった。

（○）ぜんぶのしゅもくをがんばった。

24頁

せつめい文（社会）
一文を読みとろう

名前

1 わたしたちの町には、町の中心に鉄道の駅があり、駅前には、スーパーマーケットや大きなびょういんがあります。

2 ぼくの家の前の大きな公園は、すな場で遊んでいる子や、すべり台で遊んでいる子、広場でじゃんけんゲームをしている子どもたちがいて、とてもにぎやかです。

1の文を読んで、答えましょう。

(1) わたしたちの町の中心には、何がありますか。一つに○をつけましょう。

（　）バスのていりゅうじょ

（○）鉄道の駅

（　）公園

(2) 駅前には、何がありますか。

※順不同

スーパーマーケット

大きなびょういん

2の文を読んで、答えましょう。

(1) 大きな公園は、どこにありますか。

ぼくの（家の前）

(2) 子どもたちは、公園のどこで遊んでいますか。三つ答えましょう。

※順不同

すな場

すべり台

広場

25頁

せつめい文（社会）
二文の文章を読みとろう ①

名前

1 方位を調べるときは、方位じしんを使います。

はりに色がついている方が北をさし、その反対がわが南になります。

※方位…東・西・南・北などの向き。
※方位じしん…じしゃくのはたらきを使って、方位を調べる道具。

2 地図記号を使って、たてものや土地のようすを表すと、だれでもわかる地図になります。

神社はとりいの形、学校は「文」の文字、田はいねのきりかぶの形で表されます。

1の文章を読んで、答えましょう。

(1) 方位を調べるときは、何を使いますか。ひらがな六文字で答えましょう。

ほういじしん

(2) はりに色がついている方がさしているのは、どの方角ですか。一つに○をつけましょう。

（　）南　（　）西　（○）北

(3) 北の反対がわは、どの方角ですか。一つに○をつけましょう。

（○）南　（　）東　（　）西

2の文章を読んで、答えましょう。

(1) 何を使って表すと、だれでもわかる地図になりますか。

地図記号

(2) 次の形の地図記号は、何を表していますか。——線でむすびましょう。

① 「文」の文字

② いねのきりかぶ

③ とりい

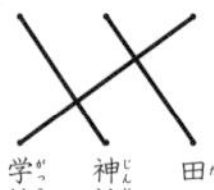

田

神社

学校

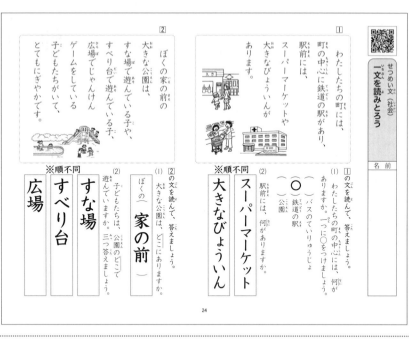

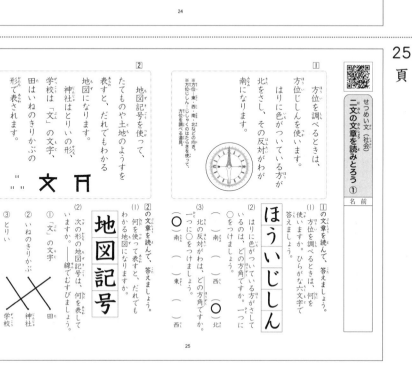

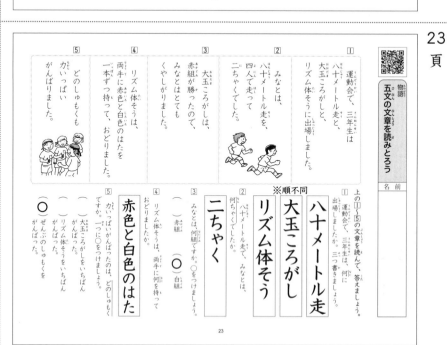

※ワークシートと解答例は、学習する児童の実態にあわせて拡大してお使いください。

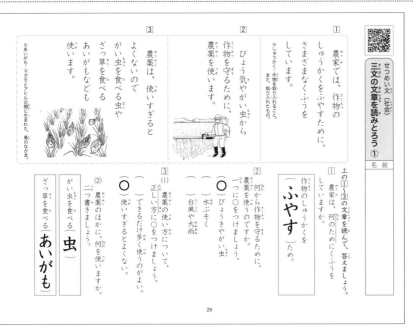

※児童に取り組ませる前に、必ず先生が問題を解いてください。本書の解答や指導にあたっては、あくまで１つの例です。児童の多様な考えに寄り添って、○つけをお願いします。

26頁

せつめい文（理科）
二文の文章を読みとろう ②

名前

1

五月の池をのぞいて見ると、たまごからかえったオタマジャクシが数えきれないほど泳いでいることがあります。

オタマジャクシは、やわらかい水草を食べて大きくなり、やがてカエルになります。

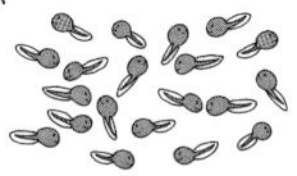

2

生まれたときからすみかが決まっていて、一生をあさい海ですごす魚がいます。

あさい海には、岩のわれめや海草の中など、かくれがになるところがたくさんあり、それらが魚のすみかとなるのです。

1の文章を読んで、答えましょう。

(1) オタマジャクシになる前は、何だったのですか。

たまご

(2) オタマジャクシは、何を食べて大きくなりますか。

やわらかい水草

(3) オタマジャクシは、やがて何になりますか。

カエル

2の文章を読んで、答えましょう。

(1) どんな魚のことが書いてありますか。

一生を（**あさい海**）ですごす魚

(2) 魚のかくれがになるのは、どんなところですか。二つ書きましょう。

※順不同

岩のわれめ

海草の中

27頁

せつめい文（理科）
二文の文章を読みとろう ③

名前

1

やさいや草花を育てるとき、春にたねをまくものと、秋にたねをまくものとがあります。

そして、春にたねをまいたり、なえを植えたりするやさいには、トマトやナス、キュウリ、ニガウリなどがあり、㋐これらは夏にとれるので、夏やさいともよばれています。

2

やさいや草花には、春にたねをまくものが多いのですが、秋のころにたねをまいて育てるやさいもあります。

そのひとつがダイコンで、冬に大きく育った根にあたるところを食べるのですが、ぬかずにそのまま育てると、やがて春には花もさいて、またダイコンの実やたねができるのです。

1の文章を読んで、答えましょう。

(1) 春にたねをまいたり、なえを植えたりするやさいには、どのようなものがありますか。やさいの名前を四つ書きましょう。

※順不同

トマト　**ナス**

キュウリ　**ニガウリ**

(2) ㋐これらのやさいが、夏やさいとよばれているのは、どうしてですか。

（**夏にとれる**）やさいだから。

2の文章を読んで、答えましょう。（習っていない漢字は、ひらがなで書きましょう。）

(1) ダイコンは、どんなところを食べますか。

（**根**）にあたるところ

(2) 2の文章の内ように合う文二つに○をつけましょう。

（○）ダイコンは秋にたねをまく。

（　）ダイコンは春にたねをまく。

（○）ダイコンをぬかずにそのまま育てると、やがて春には花がさく。

28頁

せつめい文（音楽）
二文の文章を読みとろう ④

名前

1・2の文章を読んで、答えましょう。（習っていない漢字は、ひらがなで書きましょう。）

1

グループになり、手びょうしをして、リズム作りをします。

かんせいするまで、何度もくりかえし練習し、さいごにはみんなの前で発表しましょう。

2

音ぷとは、音の長さや高さをあらわす記号で、全音ぷや、二分音ぷ、四分音ぷなどのしゅるいがあります。

二分音ぷは、全音ぷの半分の長さ、四分音ぷは、全音ぷの四分の一の長さでえんそうされる音ぷです。

𝅝	全音ぷ
𝅗𝅥	二分音ぷ
♩	四分音ぷ

1

(1) 何をして、リズム作りをしますか。

手びょうし

(2) かんせいするまでにすることは、何ですか。

何度もくりかえし練習すること。

(3) さいごには、どうしますか。

みんなの前で発表する。

2

(1) 音ぷとは、音の何をあらわす記号ですか。二つに○をつけましょう。

（　）大きさ　（○）長さ　（○）高さ

(2) どんな音ぷのしゅるいがありますか。三つ書きましょう。

※順不同

全音ぷ

二分音ぷ

四分音ぷ

(3) 二分音ぷは、全音ぷのどれくらいの長さでえんそうされる音ぷですか。

（**半分**）の長さ

29頁

せつめい文（社会）
三文の文章を読みとろう ①

名前

1

農家では、作物のしゅうかくをふやすために、さまざまなくふうをしています。

※しゅうかく…作物を取り入れること。また、取り入れたもの。

2

びょう気やがい虫から作物を守るために、農薬を使います。

3

農薬は、使いすぎるとよくないので、がい虫を食べる虫やざっ草を食べるあいがもなども使います。

※あいがも…マガモとアヒルの間に生まれた、鳥のなかま。

上の1〜3の文章を読んで、答えましょう。

1 農家は、何のためにくふうをしていますか。

作物のしゅうかくを（**ふやす**）ため。

2 何から作物を守るために、農薬を使うのですか。一つに○をつけましょう。

（○）びょうきやがい虫

（　）水ぶそく

（　）台風や大雨

3

(1) 農薬の使い方について、正しい方に○をつけましょう。

（　）できるだけ多く使うのがよい。

（○）使いすぎるとよくない。

(2) 農薬のほかに、何を使いますか。二つ書きましょう。

がい虫を食べる（**虫**）

ざっ草を食べる（**あいがも**）

解答例

※ワークシートと解答例は、学習する児童の実態にあわせて拡大してお使いください。

30頁

せつめい文（理科）

三文の文章を読みとろう ②

名前

1 くらやみでも
よく見える目をもつねこは、
明るさによって
目のひとみの大きさをかえて、
目に入る光のりょうを
ちょうせつすることが
できます。

2 夜には、ひとみが
大きく広がって、
ねこは、少しの光でも
ものが見えるように
なります。

3 反対に、
昼のひとみは、
たてに細長くなり、
強い光がたくさん
入らないように
しているので、
ねこは活動できるのです。

上の1～3の文章を読んで、答えましょう。

1 (1) ねこは、どんな目をもっていますか。

くらやみでも よく見える目

(2) ねこは、何をかえて、目に入る光のりょうをちょうせつしていますか。

（目の）ひとみの大きさ

2 (1) ねこのひとみが大きく広がるのは、いつですか。○をつけましょう。

（○）くらい夜
（　）明るい昼

(2) ねこのひとみが大きく広がると、ねこの見え方はどのようになりますか。

（**少しの光**）でも（**ものが見える**）ようになる。

3 昼のひとみの形は、どうなっていますか。

たてに細長くなる。

31頁

せつめい文（理科）

三文の文章を読みとろう ③

名前

1 カブトムシや
クワガタムシの
せい虫には、
いろいろな大きさの
ものがいます。

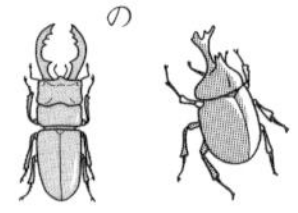

2 では、同じ虫なのに、
どうして大きなものや
小さいものなど、
体の大きさのちがうものが
いるのでしょうか。

3 それは、せい虫の体の
大きさには、よう虫のときの
食べ方がかんけいしていて、
食べ物をたくさん食べた
よう虫ほど、
さなぎになったあと、
大きなせい虫になって
出てくるのです。

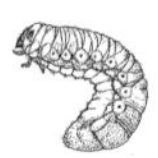

※かんけいしている…つながりがあること。むすびついていること。

上の1～3の文章を読んで、答えましょう。

1 どんな虫のせい虫には、いろいろな大きさのものがいますか。虫の名前を二つ書きましょう。

※順不同

カブトムシ　**クワガタムシ**

2 2の文章は、どんな役わりの文だといえますか。○をつけましょう。

（○）読む人に問いかけている文
（　）問いに答えている文

3 (1) せい虫の体の大きさには、何がかんけいしていますか。

よう虫のときの食べ方

(2) 3の文章の内ように合う文に○をつけましょう。

（　）よう虫のときに、たくさん食べてもせい虫の体は大きくならない。
（○）食べ物をたくさん食べたよう虫は、大きなせい虫になる。

32頁

せつめい文（理科）

三文の文章を読みとろう ④

名前

1 モンシロチョウのよう虫は、
「いもむし」とか「青虫」とも
よばれ、キャベツなどの
葉の上でくらしていますが、
せい虫になると、
四まいのはねでとび回る、
きれいなチョウの
すがたに
あへんしんします。

2 すがたのほかに、もうひとつ、
よう虫とせい虫とで、
大きくちがうのが、
食べるものです。

3 よう虫のときは
キャベツなどの葉を食べますが、
たまごをうむせい虫になると、
花のみつをすうようになり、
口の形もみつをすうのに
つごうのよい
ストローのような
形になります。

上の1～3の文章を読んで、答えましょう。

1 (1) モンシロチョウのよう虫は、何とよばれますか。二つ書きましょう。

※順不同

いもむし　**青虫**

(2) あへんしんとは、どのようなことですか。○をつけましょう。

（　）よび名がかわること。
（○）すがたがかわること。

2 すがたのほかに、よう虫とせい虫とで、大きくちがうのは何ですか。

食べるもの

3 (1) よう虫のときは、何を食べますか。（習っていない漢字は、ひらがなで書きましょう。）

キャベツなどの葉

(2) せい虫になると、何をすうようになりますか。

花のみつ

33頁

せつめい文（体育）

三文の文章を読みとろう ⑤

名前

1 とびばこ運動をする場合は、
用具を出すところから、
きょう力して活動しましょう。

2 とびばこをとびこす運動では、
ふみ切りのし方、
手のつき方、
着地のし方が
ポイントになります。

3 ポイントをつかんで
自分ができるようになったら、
できない人がどのようにすれば
できるようになるかを
考え合うことも
大切な活動です。

上の1～3の文章を読んで、答えましょう。（習っていない漢字は、ひらがなで書きましょう。）

1 (1) 何をする場合のことが書いてありますか。

とびばこ運動

(2) どんなところから、きょう力して活動しようといっていますか。

（**用具を出す**）ところ。

2 とびばこをとびこす運動のポイントを三つ書きましょう。

※順不同

ふみ切りのし方　**手のつき方**　**着地のし方**

3 自分ができるようになったら、何をすることも大切な活動だといっていますか。

（**できない人がどのようにすればできるようになるか**）を考え合うこと。

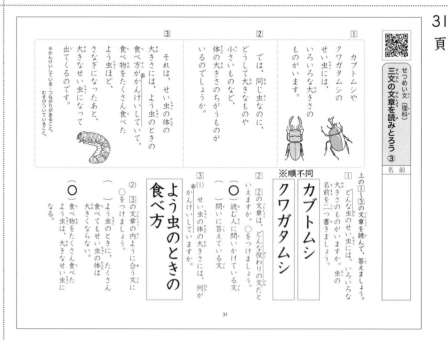

解答例

※ワークシートと解答例は、学習する児童の実態にあわせて拡大してお使いください。

※児童に取り組ませる前に、必ず先生が問題を解いてください。本書の解答や指導にあたっては、あくまで１つの例です。児童の多様な考えに寄り添って、○つけをお願いします。

34 頁

せつめい文（社会）
四文の文章を読みとろう ①
名前

[1] わたしの家の買いもの調べをしたら、スーパーマーケット、コンビニエンスストア、商店がいなどから買っていた。

[2] スーパーマーケットは、広い売り場に多くのしなものがそろうので、休みの日に車で行って、まとめて買うことが多い。

[3] コンビニエンスストアは夜おそくまであいていて、急な買いものにべんりだ。

[4] 商店がいには、知り合いのお店もあり、気がるにあん心して買いものができることがわかった。

上の[1]～[4]の文章を読んで、答えましょう。

[1] 家の何について調べたのですか。

買いもの

[2] スーパーマーケットには、いつ、どのようにして行くことが多いですか。

（いつ）（**休み**）の日

（どのようにして）（**車**）で

[3] コンビニエンスストアのとくちょうを一つえらんで○をつけましょう。

（　）しなものを車につんで売りにくる。

（**○**）夜おそくまであいている。

（　）広い売り場に多くのしなものがそろう。

[4] (1) 商店がいには、どんなお店もありますか。

（**知り合い**）のお店もある。

(2) 商店がいでは、どんなふうに買いものができますか。

（**気がるにあん心して**）買いものができる。

35 頁

せつめい文（社会）
四文の文章を読みとろう ②
名前

[1] あらたさんの町では、月曜日と木曜日がもえるごみ、火曜日がプラスチックごみ、水曜日がかん・ビン・ペットボトル、金曜日が紙るいと決まっています。

[2] ごみはできるだけ少なくなるようにくふうし、出す時間や決められたふくろなどのルールを守って出すようにしましょう。

[3] プラスチックごみや、かん・ビン・紙るいのごみは、リサイクルするので、分けて出すことが大切です。

[4] ごみのすて方でいちばんざんねんなのは、道ろや公園にポイすてされているごみがあることです。

※リサイクル…ふたたび、しげんとしてりようすること。

上の[1]～[4]の文章を読んで、答えましょう。

[1] (1) あらたさんの町では、火曜日にすてるごみは何ですか。

プラスチックごみ

(2) あらたさんの町では、もえるごみを出すのは何曜日ですか。

（**月曜日**）と（**木曜日**）

[2] ※順不同

ごみを出すときのルールは何ですか。

出す（**時間**）

決められた（**ふくろ**）

[3] プラスチックのごみや、かん・ビン・紙るいのごみは、どうすることが大切ですか。

（**分けて出す**）こと。

[4] ごみのすて方でいちばんざんねんなことは、どんなことですか。

（**道ろや公園にポイすてされているごみがある**）こと。

36 頁

せつめい文（理科）
四文の文章を読みとろう ③
名前

[1] ふきのとうが頭を出しはじめたころ、キタキツネのめすは、すの中で三びきから八ぴきの子をうみます。

[2] キタキツネのめすは、はじめのうちは ちちをのませ、子どもが大きくなるにつれてネズミなどのえさをあたえて育てます。

[3] 森が緑につつまれるころには、子ぎつねの黒っぽい毛の色は茶色にかわり、はながつき出たきつねらしい顔立ちになっていきます。

[4] 秋が近くなると、子ぎつねはすから外の世界に出て行くようになり、えさを自分でとってひとりで生活していくようになります。

上の[1]～[4]の文章を読んで、答えましょう。

[1] キタキツネのめすが子をうむのは、いつのころですか。

ふきのとうが頭を出しはじめたころ

[2] キタキツネのめすは、子どもが大きくなってくると、どんなものをあたえて育てますか。

ネズミなどのえさ

[3] (1) 子ぎつねの毛は、何色から何色にかわりますか。

（**黒っぽい**）色から

（**茶**）色にかわる。

(2) きつねらしい顔立ちとは、どんな顔立ちですか。

（**はながつき出た**）顔立ち

[4] すから外の世界に出た子ぎつねは、どうやってひとりで生活していくようになりますか。

（**えさを自分で**）とってひとりで生活していくようになる。

37 頁

せつめい文（理科）
四文の文章を読みとろう ④
名前

[1] モンシロチョウとアゲハは、どちらもチョウのなかまですが、せい虫は、体の大きさだけでなく、はねの色やもようもちがっているので、かんたんに見分けることができます。

[2] いろいろなチョウの一生を調べると、せい虫のすがただけでなく、よう虫のときに食べるしょくぶつがちがっていることがわかります。

[3] よう虫のとき、モンシロチョウは、キャベツやアブラナなどの葉を、アゲハは、ミカンやサンショウなどの葉を、そして、キアゲハというチョウは、ニンジンやパセリの葉を食べて大きくなるのです。

[4] このように、チョウのよう虫は、そのあしゅるいによって、決まったものを食べているのです。

上の[1]～[4]の文章を読んで、答えましょう。

[1] (1) モンシロチョウとアゲハは、どちらも何のなかまですか。

（**チョウ**）のなかま

(2) モンシロチョウとアゲハのせい虫は、何を見ると、見分けることができますか。二つ書きましょう。

体の（**大きさ**）

はねの（**色**）や（**もよう**）

[2] せい虫のすがたのほかにちがっていることは、何ですか。

（**よう虫**）のときに食べる（**しょくぶつ**）

[3] 次のチョウが、よう虫のときに食べるものを下からえらんで――線でむすびましょう。

① モンシロチョウ

② アゲハ

③ キアゲハ

ニンジンやパセリの葉

キャベツやアブラナの葉

ミカンやサンショウの葉

[4] どんなしゅるいのチョウが出てきましたか。出てきたチョウの名前を三つ書きましょう。

※順不同

モンシロチョウ

アゲハ

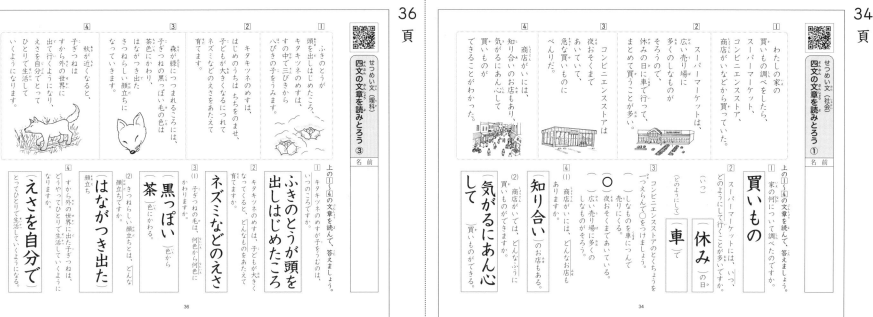

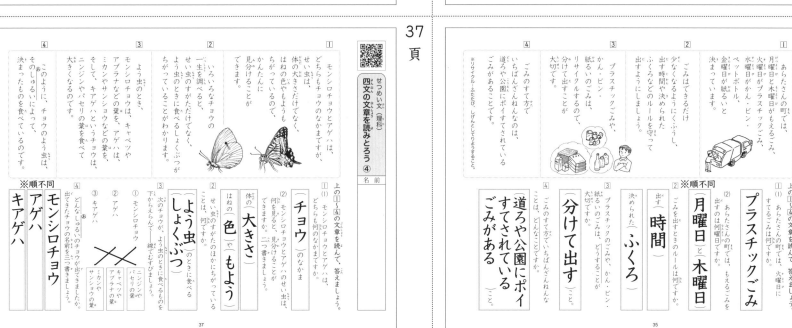

キアゲハ

解答例

※ワークシートと解答例は、学習する児童の実態にあわせて拡大してお使いください。

38頁

せつめい文（理科）

四文の文章を読みとろう ⑤

名前

1 サクラは、多くの人が知っている木ですが、サクラのなかまには、いろいろなしゅるいがあります。

2 学校や公園によく植えられているサクラは、「ソメイヨシノ」というしゅるいのサクラです。

3 ソメイヨシノは、葉が出る前に、たくさんの花がまとまってひらくことがとくちょうで、花がすべてひらくと、サクラの木や公園全体が花につつまれ、とてもはなやかに見えます。

4 ほかにも、花がひらくときに、赤みがかったわか葉が出るヤマザクラや、花びらのまい数が多いヤエザクラもあり、㋐これらのサクラも人びとの目を楽しませてくれます。

上の1～4の文章を読んで、答えましょう。

1 サクラのなかまには、どんなしゅるいがありますか。
（いろいろな）しゅるい

2 学校や公園でよく植えられているサクラは、何というサクラですか。
ソメイヨシノ

3 ソメイヨシノのとくちょうはどんなことですか。
葉が出る前に（たくさんの花がまとまってひらく）こと。

4 (1) ヤエザクラとは、どのようなサクラですか。
（花びらのまい数が多い）サクラ

(2) ㋐これらのサクラがさしているものを二つ書きましょう。
※順不同
ヤマザクラ
ヤエザクラ

38

39頁

せつめい文（図工）

五文の文章を読みとろう

名前

1 糸を使って友だちと電話ができる糸電話を作りましょう。

2 用意するものは、紙コップ二こ、たこ糸三メートル、ようじ一本、それに、はさみとテープです。

3 紙コップのそこにようじであなをあけて、たこ糸を通します。

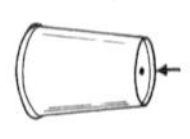

4 糸を半分の長さにしたようじにむすんで、紙コップのそこにテープでとめてかんせいです。

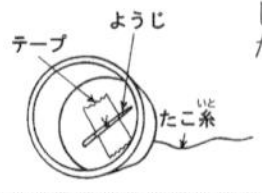

5 紙コップの糸をぴんとはって、二人で話をしてあそびましょう。

上の1～5の文章を読んで、答えましょう。

1 糸電話は、何を使って電話ができますか。
糸

2 用意するものを書きましょう。
（紙コップ）二こ、（たこ糸）三メートル、（ようじ）一本、はさみ、テープ

3 紙コップのそこに何を使ってあなをあけ、何を通しますか。
● 使うもの　ようじ
● 通すもの　たこ糸

4 糸電話を作るじゅんばんになるように、1～3の番号を（　）に書きましょう。
（1）紙コップのそこにたこ糸を通す。
（3）紙コップのそこにようじをとめる。
（2）糸を半分の長さにしたようじにむすぶ。

5 話をするために、紙コップの糸をどのようにしますか。
（ぴん）とはる。

39

40頁

物語

春風をたどって ①

名前

1 それからどれだけ進みつづけたのでしょう。しげみがやっととぎれたかと思うと、あざやかな青い色が、ルウの目にとびこんできました。

2 しげみのむこうにあったのは、見わたすかぎりの花ばたけでした。㋐そこにさく花の色は、ルウが行きたいとねがっていた、しゃしんの海にそっくりな青。そのけしきのうつくしさに、ルウの口から、ほう、とためいきがこぼれました。

3 ㋒「すごいや。この森に、こんな花ばたけがあったんだね。」ルウはノノンに言いました。ところがノノンは、ルウの声が聞こえなかったかのように、㋑うっとりと花ばたけに見とれています。

※しげみ…草や木がたくさん生えているところ。

（令和六年度版　光村図書　国語　三上　わかば　如月　かずさ）

上の1～3の文章を読んで、答えましょう。

1 (1) 何がやっととぎれたときのことですか。
しげみ

(2) ルウの目にとびこんできたのは、どのような何色でしたか。
（あざやか）な（青い）色

2 (1) しげみのむこうにあったのは、見わたすかぎりの何でしたか。
花ばたけ

(2) ㋐そこにさく花の色は、何にそっくりな青色でしたか。
（ルウ）が行きたいとねがっていた、（しゃしんの海）

3 (1) ㋒「すごいや。この森に、こんな花ばたけがあったんだね。」は、だれが言った言葉ですか。
ルウ

(2) ㋑うっとりと花ばたけに見とれているのは、だれですか。
ノノン

40

41頁

物語

春風をたどって ②

名前

1 そんなノノンの様子をながめながら、㋐ルウは思いました。ぼく一人だったら、この花ばたけを見つけることはできなかっただろうな、と。

2 ㋑「すごいや。」ルウは、そうくりかえしてにっこりすると、だまって花ばたけの方をむきました。さわやかな花のかおりにつつまれて、ゆったりと時がながれていきました。

3 しばらくたったころに、ノノンがのんびり言いました。「そろそろお昼ごはんをさがしに行こうかなあ。ルウはどうする。」そういえば、ぼくもごはんがまだだった、とルウは思い出しました。けれど、気づいたら、ルウはこう答えていました。㋒「ぼくは、もう少しここにいることにするよ。」「分かった。じゃあ、またね。」

（令和六年度版　光村図書　国語　三上　わかば　如月　かずさ）

上の1～3の文章を読んで、答えましょう。

1 ㋐ルウは思いました。とありますが、どんなことを思ったのか、文中から書き出しましょう。
ぼく（一人）だったら、この（花ばたけ）を（見つける）ことは（できなかっただろうな）

2 (1) ㋑「すごいや。」と言ったのはだれですか。
ルウ

(2) どんなかおりにつつまれて、ゆったりと時がながれていきましたか。
さわやかな花のかおり

3 (1) ノノンは、何をさがしに行くと言っていますか。
お昼ごはん

(2) ㋒「ぼくは、もう少しここにいることにするよ。」と答えたのは、だれですか。
ルウ

41

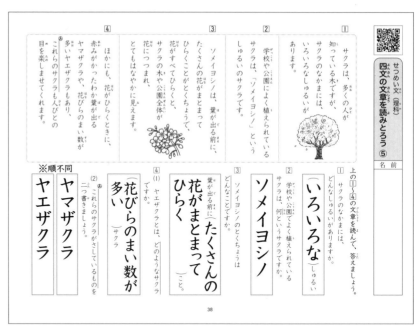

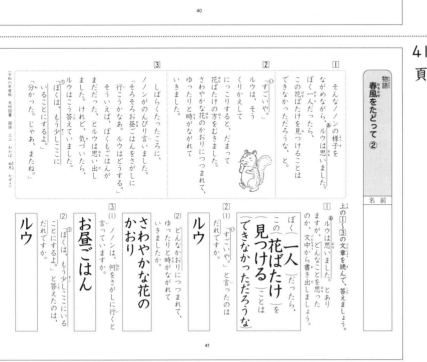

※児童に取り組ませる前に、必ず先生が問題を解いてください。本書の解答や指導にあたっては、あくまで１つの例です。児童の多様な考えに寄り添って、○つけをお願いします。

解答例

※ワークシートと解答例は、学習する児童の実態にあわせて拡大してお使いください。

42頁

物語　春風をたどって ③

名前

1

「うん。また話そう。」

ノノンを見おくった後で、ルウは、また花ばたけをながめました。

やわらかな春風が、花たちとルウの毛を、さわさわとなでていきます。海色の花びらの上で、昼下がりの光が、きらきらかがやいています。

ルウのしっぽは、いつのまにか、ゆらゆらとおどるようにゆれています。

2

㋐花ばたけの空気をむねいっぱいにすいこんで、本物の海もこんないいにおいがするのかな、とルウはそうぞうしました。

（令和六年度版　光村図書　国語　三上　わかば　如月　かずさ）

1 の文章を読んで、答えましょう。

(1) ルウが、ノノンを見おくった後で、また何をながめましたか。

花ばたけ

(2) 何が、花たちとルウの毛を、さわさわとなでていきますか。

やわらかな春風

(3) 花びらの上で、何が、きらきらかがやいていますか。

昼下がりの光

(4) ルウのしっぽは、いつのまにか、どのようにゆれていますか。

（ゆらゆら）と（おどる）ようにゆれています。

2 の文章を読んで、答えましょう。

(1) ルウは、何の空気を㋐むねいっぱいにすいこみましたか。

（花ばたけ）の空気

(2) ㋐むねいっぱいにすいこんだルウは、どんなことをそうぞうしましたか。文中から書き出しましょう。

本物の海もこんないいにおいがするのかな

43頁

物語　春風をたどって ④

名前

1

その夜、ルウは、すあなでたから物のしゃしんをながめていました。きれいだなあ、いつか行ってみたいなあ、とうっとりしながら。

2

「だけど、あの海色の花ばたけも、㋐とってもすてきだったなあ。」

ぽつりとつぶやいてから、ルウはふと思いつきました。

「そうだ。ぼくの知らないすてきなばしょが、ほかにもまだ、近くにあるかもしれない。あした、ノノンをさそって、いっしょにさがしてみることにしよう。ノノンといっしょなら、またあの花ばたけみたいなけしきを、見つけられそうな気がするから。」

3

そんなふうに考えてわくわくしながら、ルウがねどこにねそべると、花ばたけからついてきたさわやかなかおりが、ふわりとルウのはなをくすぐりました。

（令和六年度版　光村図書　国語　三上　わかば　如月　かずさ）

上の 1 〜 3 の文章を読んで、答えましょう。

1 (1) ルウが、すあなでながめていたものは何ですか。

（たから物）のしゃしん

(2) ルウは、どんな様子でながめていましたか。文中から書き出しましょう。

うっとり しながらながめていました。

2 (1) ルウが、㋐とってもすてきだったなあとつぶやいたのは、どんなところのことですか。

あの（海）色の（花ばたけ）

(2) ルウは、だれといっしょなら、またすてきなばしょを、見つけられると思いましたか。

ノノン

3 ふわりとルウのはなをくすぐったのは、どんなかおりですか。

（花ばたけ）から ついてきた （さわやかな）かおり

44頁

物語　まいごのかぎ ①

名前

1

りいこは、学校からの帰り道に、かぎをひろいました。落とし物だと思ったりいこは、交番に向かって歩いています。


交番までは、もう少し。

おうだん歩道をわたるとしおのかおりがしてきます。

道のわきにあみが立ててあり、魚の開きが一面にならべてありました。

りょうしさんがあじのひものを作っているのです。

そばを通るとき、中の一ぴきに、円いあなが空いているのに気がつきました。

「お魚に、かぎあななんて。」

2

㋐へんだと思いながら、見れば見るほど、やはり、ただのあなではなさそうです。いつしかすいこまれるように、かぎをさしこんでいました。

（令和六年度版　光村図書　国語　三上　わかば　斉藤　倫）

1 の文章を読んで、答えましょう。

(1) おうだん歩道をわたると、どんなかおりがしてきましたか。

（しお）のかおり

(2) 道のわきのあみに、何が一面にならべてありましたか。

魚の開き

(3) 中の一ぴきに、何が空いているのに気がつきましたか。

円いあな

2 の文章を読んで、答えましょう。

(1) りいこは、どんなことを㋐へんだと思ったのですか。○をつけましょう。

（　）たくさんの魚に、円いあなが空いていること。

（○）魚に、かぎあなが空いていること。

(2) りいこは、いつしかすいこまれるように、何をしましたか。文中から書き出しましょう。

かぎをさしこんでいました。

45頁

物語　まいごのかぎ ②

名前

1

りいこは、魚に空いていたあなを、なんども見て、いつしかすいこまれるように、かぎをさしこんでいました。

㋐カチャッ。たちまち、あじの開きは、小さなかもめみたいに、羽ばたき始めます。あっけにとられているうちに、あじは、目の前でふわふわとうかび上がりました。

2

りいこは、あわててとびつき、かぎを引きぬきました。開きは、元のあみの上に、ぽとりと落ちました。

「あぶない。海に帰っちゃうとこだった。」

3

わたし、やっぱりよけいなことばかりしてしまう。

りいこは、悲しくなりました。

早く交番にとどけよう。


（令和六年度版　光村図書　国語　三上　わかば　斉藤　倫）

上の 1 〜 3 の文章を読んで、答えましょう。

1 (1) ㋐カチャッ。とは、何の音ですか。○をつけましょう。

（○）りいこが、あじの開きのあなにかぎをさして回した音。

（　）あじの開きが羽ばたく音。

(2) あじの開きは、何みたいに、羽ばたき始めましたか。

（小さな）かもめ

(3) あじは、目の前でどうなりましたか。

ふわふわとうかび上がりました。

2 りいこが、かぎを引きぬくと、開きは、どうなりましたか。一つに○をつけましょう。

（　）海に帰っていった。

（　）ふわふわとうかび上がった。

（○）元のあみの上に、ぽとりと落ちた。

3 りいこは、悲しくなって、どうしようと思いましたか。文中から一文を書き出しましょう。

早く交番にとどけよう。

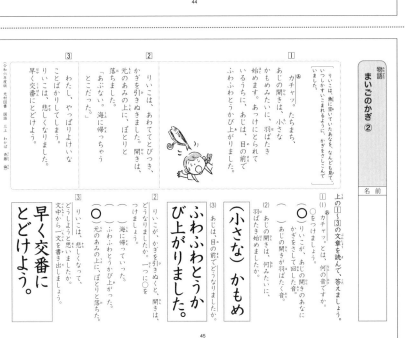

※児童に取り組ませる前に、必ず先生が問題を解いてください。本書の解答や指導にあたっては、あくまで１つの例です。児童の多様な考えに寄り添って、○つけをお願いします。

解答例

※ワークシートと解答例は、学習する児童の実態にあわせて拡大してお使いください。

46頁

物語 まいごのかぎ ③

名前

1
　海岸通りをいそぎ始めたとき、
ふとバスていのかんばんが
目に入りました。
「バス」という字の「バ」の点が、
なぜか三つあるのです。
その一つが、かぎあなに
見えました。

2
「どうしよう。」
りいこはまよいました。
㋐よけいなことはやめよう。
そう思ったばかりです。
そのとき、点の一つが、ぱちっと
またたきました。

3
「これで、さいごだからね。」
　いつしか りいこは、
かんばんの前でせのびを
していました。カチンと音がして、
かぎが回りました。
［㋑］、何も
おこりません。

（令和六年度版　光村図書　国語　三上　わかば　斉藤　倫）

上の1～3の文章を読んで、答えましょう。

1 (1) ふと目に入ったものは、何ですか。

バスていのかんばん

(2) 「バ」の字の点が、三つあって、その一つは、何に見えましたか。

かぎあな

2 ㋐そう思ったとありますが、りいこはどう思ったのですか。文中から書き出しましょう。

よけいなことはやめよう。

3 (1) りいこが、かんばんの前でせのびをしていたのは、何をするためですか。○をつけましょう。

（　）かんばんの字をよく見るため。
（○）かぎあなにかぎをさしこんで回すため。

(2) ［㋑］に入る言葉を一つえらんで○をつけましょう。

（　）だから
（○）ところが
（　）そして

47頁

物語 まいごのかぎ ④

名前

1
　ほっとしたような、がっかりした
ような気持ちで、バスの時こく表を
見て、りいこは「あっ。」と言いました。
数字が、ありのように、ぞろぞろ
動いているのです。五時九十二分とか、
四十六時八百七分とか、とんでもない
とうちゃく時こくになっています。

2
「すごい。」
りいこは、目をかがやかせました。
でも、すぐに、わくわくした自分が
いやになりました。りいこは、かぎを
ぬきとりました。
「あれ。どうして。」
時こく表の数字は、元には、
もどりませんでした。

3
　りいこはこわくなって、
にげるようにかけだしました。
交番のある方へすなはまを横切ろうと、
石だんを下りかけると、国道のずっと
向こうから、車の音が聞こえてきます。
ふり向くと、バスが十何台も、
おだんごみたいにぎゅうぎゅうに
なって、やって来るのです。
「わたしが、時こく表をめちゃくちゃに
　したせいだ。」
　どうしよう。もう、交番にも
行けない。おまわりさんにしかられる。
りいこは、かぎをぎゅっと
にぎりしめて、
立ちすくんで
しまいました。

（令和六年度版　光村図書　国語　三上　わかば　斉藤　倫）

上の1～3の文章を読んで、答えましょう。

1 (1) りいこは、どんな気持ちで、バスの時こく表を見ましたか。

（ほっとした）ような、（がっかりした）ような気持ち

(2) 数字が、ぞろぞろ動いているのは、何のようでしたか。

（あり）のよう

2 りいこは、どんな自分がいやになりましたか。

（わくわくした）自分

3 (1) りいこが石だんを下りかけると、国道のずっと向こうから、何の音が聞こえてきましたか。

（車）の音

(2) バスが十何台も、ぎゅうぎゅうになって、やって来るのは、何のせいだとりいこは考えましたか。文中から書き出しましょう。

わたしが、時こく表をめちゃくちゃにしたせいだ。

48頁

物語 まいごのかぎ ⑤

名前

1
　きみょうなことは、さらに
おこりました。つながってきた
バスが、りいこの前で止まり、
クラクションを、
ファ、ファ、ファーン、と、
がっそうするように
鳴らしたのです。そして、
㋐リズムに合わせて、くるくると、
向きや順番をかえ始めました。
りいこは、目を
ぱちぱちしながら、
そのダンスに
見とれていました。
「なんだか、とても楽しそう。」

2
　そして、はっと気づいたのです。
もしかしたら、あのさくらの木も、
楽しかったのかもしれない。
どんぐりの みをつけたのは、
きっと春がすぎても、みんなと
遊びたかったからなんだ。
ベンチも、たまには公園で
ねころびたいだろうし、
あじだって、いちどは青い空を
とびたかったんだ。

（令和六年度版　光村図書　国語　三上　わかば　斉藤　倫）

上の1・2の文章を読んで、答えましょう。

1 (1) バスは、クラクションを、ファ、ファ、ファーン、と、何をするように鳴らしましたか。

（がっそう）するように鳴らした。

(2) ㋐リズムに合わせて、くるくると、向きや順番をかえ始めました。について答えましょう。

① 何が、向きや順番をかえ始めたのですか。

バス

② くるくると、向きや順番をかえる動きをべつの言葉で何と書いてありますか。文中の言葉三文字で答えましょう。

ダンス

2 りいこが、はっと気づいたことは、どのようなことでしたか。あてはまる文になるように、上と下を――線でむすびましょう。

① さくらの木は ―― 春がすぎても、みんなと遊びたかった。
② ベンチは ―― たまには公園でねころびたい。
③ あじは ―― いちどは青い空をとびたかった。

49頁

物語 まいごのかぎ ⑥

名前

1
㋐「みんなも、すきに走って
　みたかったんだね。」
　しばらくして、バスはまんぞく
したかのように、一台一台と
いつもの路線に帰っていきました。
そのとき、一つのまどの中に、
りいこはたしかに見たのです。
図工の時間にけしてしまった、
㋑あのうさぎが、
うれしそうに
こちらに手を
ふっているのを。

2
　りいこもうれしくなって、
大きく手をふりかえしました。
にぎっていたはずのかぎは、
いつのまにか、かげも形も
なくなっていました。りいこは、
夕日にそまりだした空の中で、
いつまでも、その手を
ふりつづけていました。

（令和六年度版　光村図書　国語　三上　わかば　斉藤　倫）

1の文章を読んで、答えましょう。

(1) ㋐みんなとは、何のことでしょう。

バス

(2) ㋑あのうさぎのあのにあてはまる文を、文中から書き出しましょう。

図工の時間にけしてしまった

(3) 一つのまどの中に、りいこが見たものは、何でしたか。一つに○をつけましょう。

（　）バスが帰っていく様子。
（　）図工の時間のときの自分の様子。
（○）図工の時間にけしてしまったうさぎが、うれしそうに手をふっている様子。

2の文章を読んで、答えましょう。

(1) りいこは、だれに大きく手をふりかえしましたか。

うさぎ

(2) にぎっていたはずのかぎは、いつのまにか、どうなっていましたか。

かげも形もなくなっていました。

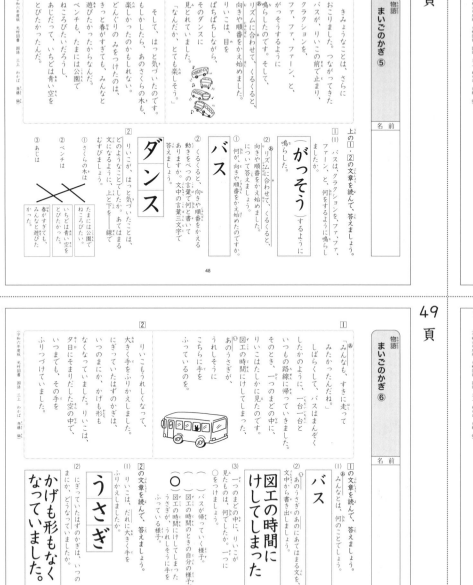

※児童に取り組ませる前に、必ず先生が問題を解いてください。本書の解答や指導にあたっては、あくまで１つの例です。児童の多様な考えに寄り添って、〇つけをお願いします。

解答例

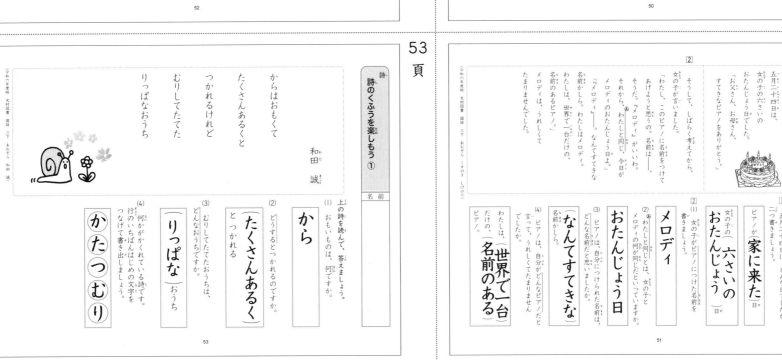

※ワークシートと解答例は、学習する児童の実態にあわせて拡大してお使いください。

50頁

物語 メロディ――大すきな わたしのピアノ ①

名前

1
㋐「たくさんひいてもらうんだよ。」

そう言われて、一台のピアノが、工場を出ました。

「だれがひいてくれるのかしら。」

ピアノは、来る日も来る日も、楽しみに待ちました。

2
ある日、けんばんのふたが開けられ、小さな手が、そっとけんばんにふれました。

ピアノは心がふるえました。

「お母さん、ひいてもいい。」

ド――レ――ミ――。

人さし指で、けんばんを少しおさえただけでしたが、ピアノは、せいいっぱいの音をひびかせました。

3
それからピアノは、㋑小さな指がおさえるけんばんの音を、一つ一つ、心をこめてひびかせました。

「このピアノが気に入ったかな。」

「うん、とっても。お父さん、このピアノも、わたしのことが大すきみたい。」

「レッスンはつづけられるかしら。」

「だいじょうぶ。このピアノとなら、きっとつづけられるわ。」

そう言うと、女の子とピアノは、はずんだ音をひびかせました。

（令和六年度版 光村図書 国語 三下 あおぞら くすのき しげのり）

上の1〜3の文章を読んで、答えましょう。

1 ㋐「たくさんひいてもらうんだよ。」とは何に言った言葉ですか。

一台のピアノ

2 (1) ある日、何が、そっとけんばんにふれましたか。

小さな手

(2) 人さし指で、けんばんを少しおさえたとき、ピアノは、どんな音をひびかせましたか。

（**せいいっぱい**）の音

3 (1) ㋑小さな指とは、だれの指ですか。一つに〇をつけましょう。

（　）お母さん　（　）お父さん
（**〇**）女の子

(2) ピアノが気に入った女の子は、このピアノのことをどう思いましたか。

このピアノも、わたしのことが（**大すき**）みたい。

(3) 女の子は、このピアノとのレッスンについて、どう思っていますか。〇をつけましょう。

（**〇**）レッスンは、きっとつづけられる。

（　）レッスンは、つづけられるか心配。

51頁

物語 メロディ――大すきな わたしのピアノ ②

名前

1
ピアノが家に来た日、五月二十四日は、女の子の六さいのおたんじょう日でした。
「お父さん、お母さん、すてきなピアノをありがとう。」

2
そうして、しばらく考えてから、女の子が言いました。

「わたし、このピアノに名前をつけてあげようと思うの。名前は――、そうだ。『メロディ』がいいわ。それから、㋐わたしと同じ、今日がメロディのおたんじょう日よ。」

『メロディ』――。なんてすてきな名前かしら。わたしはメロディ。わたしは、世界で一台だけの、名前のあるピアノ。」

メロディは、うれしくてたまりませんでした。


（令和六年度版 光村図書 国語 三下 あおぞら くすのき しげのり）

上の1・2の文章を読んで、答えましょう。

1 五月二十四日は、どんな日でしたか。二つ書きましょう。

ピアノが（**家に来た**）日

女の子の（**六さいのおたんじょう**）日

2 (1) 女の子がピアノにつけた名前を書きましょう。

メロディ

(2) ㋐わたしと同じとは、女の子とメロディの何が同じだといっていますか。

おたんじょう日

(3) ピアノは、自分につけられた名前は、どんな名前だと思いましたか。

（**なんてすてきな**）名前かしら。

(4) ピアノは、自分がどんなピアノだと言って、うれしくてたまりませんでしたか。

わたしは、（**世界で一台**）だけの、（**名前のある**）ピアノ。

52頁

物語 メロディ――大すきな わたしのピアノ ③

名前

1
女の子は、毎日毎日、メロディをひきました。

発表会の前には、何度も何度も練習をしました。

うれしいことがあったとき、悲しいことがあったとき、女の子は、いつもメロディをひきました。

メロディは幸せでした。

メロディは、女の子の心に合わせて、いつもすてきな音をひびかせていました。

2
［㋐］、女の子が中学生になり、高校生になると、メロディとすごす時間が、だんだんと少なくなっていきました。

やがて、女の子が遠くの大学へ行くと、メロディが音を出すこともなくなりました。

それでも、メロディは、遠くでくらす女の子のことを考えたり、楽しかった日のことを思い出したりしながら、毎日をしずかにすごしました。

そうして、何年も何年もたちました。


（令和六年度版 光村図書 国語 三下 あおぞら くすのき しげのり）

上の1・2の文章を読んで、答えましょう。

1 (1) 女の子は、どれくらいメロディをひきましたか。文中の言葉四文字で答えましょう。

毎日毎日

(2) どんなことがあったとき、女の子は、いつもメロディをひきましたか。

（**うれしいこと**）があったとき
（**悲しいこと**）があったとき

(3) メロディは、女の子の何に合わせて、すてきな音をひびかせていましたか。

女の子の（**心**）

2 (1) ［㋐］にあてはまる言葉を一つえらんで〇をつけましょう。

（　）だから　（**〇**）でも　（　）また

(2) 女の子がどうしたとき、メロディが音を出すこともなくなったのですか。

女の子が（**遠くの大学**）へ行ったとき

(3) メロディは、毎日をどのようにすごしましたか。

（**しずかに**）すごしました。

53頁

詩 詩のくふうを楽しもう ①

名前

からはおもくて
たくさんあるくと
つかれるけれど
むりしてたてた
りっぱなおうち

和田 誠

（令和六年度版 光村図書 国語 三下 あおぞら 和田 誠）

上の詩を読んで、答えましょう。

(1) おもいものは、何ですか。

から

(2) どうするとつかれるのですか。

（**たくさんあるく**）とつかれる

(3) むりしてたてたおうちは、どんなおうちですか。

（**りっぱな**）おうち

(4) 何かがかくれている詩です。行のいちばんはじめの文字をつなげて書き出しましょう。

か た つ む り

※児童に取り組ませる前に、必ず先生が問題を解いてください。本書の解答や指導にあたっては、あくまで１つの例です。児童の多様な考えに寄り添って、〇つけをお願いします。

解答例

※ワークシートと解答例は、学習する児童の実態にあわせて拡大してお使いください。

54頁

詩 詩のくふうを楽しもう ②

名前

はせ　みつこ

ことばはつなぐ
とおくとちかく
ばらとみつばち
だれかとだれか
いまとむかし
すきときらい
きみとわたし

（令和六年度版　光村図書　国語　三下　あおぞら　はせ　みつこ）

上の詩を読んで、答えましょう。

(1) 何かがかくれている詩です。行のいちばんはじめの文字をつなげて書き出しましょう。

ことばだいすき

(2) 詩の中で、つぎの言葉とつないでいる言葉を□に書きましょう。

① とおく ― ちかく
② ばら ― みつばち
③ いま ― むかし
④ すき ― きらい
⑤ きみ ― わたし

54

55頁

詩 春の子ども

名前

春の子ども　門倉　訣

1
ふきのとうが芽を出した
ぴくりっ　ぴくぴくっ
雪のぼうしが　あったかい
ぴくぴく　ぴくくくっ
風のゆびが　あったかい

2
つくしんぼうが目をさます
ぴくりっ　ぴくぴくっ
雪どけ水が　あったかい
ぴくぴく　ぴくくくっ
川の背中が　あったかい

3
風の子どもがとびおきた
ぴくりっ　ぴくぴくっ
あさのひかりが　あったかい
ぴくぴく　ぴくくくっ
あおい空が　あったかい

（令和六年度版　東京書籍　新編　新しい国語　三上　門倉　訣）

上の詩を読んで、答えましょう。

(1) つぎのものがどうしたのか、あてはまる文になるように、上と下を―線でむすびましょう。

① ふきのとうが　　目をさます
② つくしんぼうが　　とびおきた
③ 風の子どもが　　芽を出した

(2) 1のところで、あったかいものを二つ書きましょう。 ※順不同

雪のぼうし
風のゆび

(3) 1・2・3のすべてのところにくりかえし書いてある言葉を二行書きましょう。

（ぴくりっ）ぴくぴくっ
（ぴくぴく）ぴくくくっ

55

56頁

詩 ぼくが ここに

名前

ぼくが　ここに　　まど・みちお

1
ぼくが　ここに　いるとき
あほかの　どんなものも
ぼくに　かさなって
ここに　いることは　できない

2
もしも　ゾウが　ここに　いるならば
そのゾウだけ
マメが　いるならば
その一つぶの　マメだけ
しか　ここに　いることは　できない

3
ああ　いこのちきゅうの　うえでは
こんなに　だいじに
まもられているのだ
どんなものが　どんなところに
いるときにも

4
うその「いること」こそが
なにものにも　まして
すばらしいこと　として

（令和六年度版　東京書籍　新編　新しい国語　三下　まど・みちお）

上の詩の1〜4のところを読んで、答えましょう。

1 (1) ぼくが どこにいるときのことをいっていますか。

ここ に　いるとき

(2) あほかの　どんなものも、どうすることができないといっていますか。

ぼく に　かさなって　ここ に　いる こと

2 どんなものがここにいるときのことをいっていますか。二文字で、二つ答えましょう。 ※順不同

ゾウ
マメ

3 いこのちきゅうの　うえではこんなにだいじに、どうされているといっていますか。

（まもられて）いる

4 うどんなことが、なにものにも　ましてすばらしいことなのだといっていますか。詩の中の言葉四文字で答えましょう。

いること

56

57頁

きせつの言葉　春のくらし　詩「みどり」

名前

みどり　内田　麟太郎

みどり　まみどり
こいみどり
はるの　のやまは
あよりどりみどり
みどりの　ことり
みどりに　かくれ
さがせど　さがせど
いこえばかり

（令和六年度版　光村図書　国語　三上　わかば　内田　麟太郎）

※さがせど　さがせど…さがしてもさがしても

上の詩を読んで、答えましょう。

(1) はるの　のやまは、どんな色をしていますか。三つ書きましょう。 ※順不同

みどり
まみどり
こいみどり

(2) あよりどりみどりの意味にあてはまるものに○をつけましょう。

（　）えらべるものは、一つのみどりときまっている。
（○）多くのものの中からどれでもすきなものをえらぶことができる。

(3) ことりは、どんな色をしていますか。

（みどり）色

(4) いこえばかりとありますが、何のこえですか。

（ことり）のこえ

57

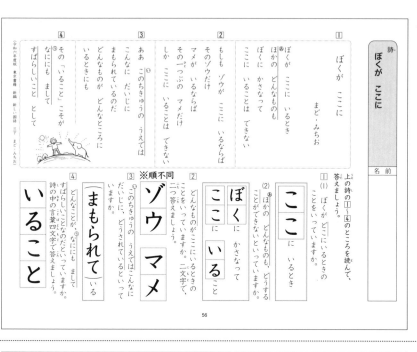

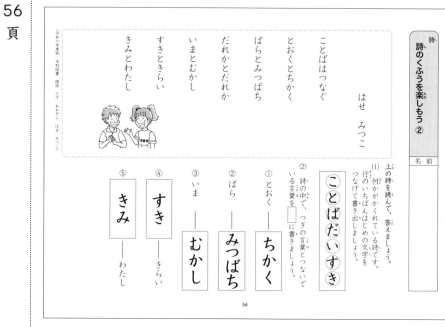

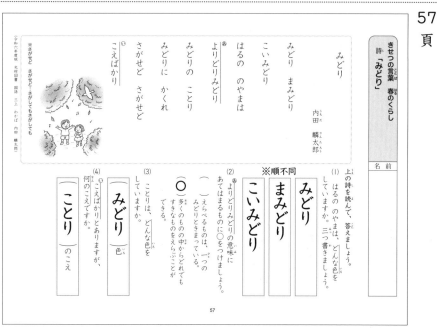

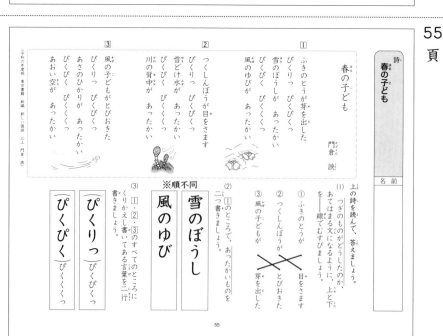

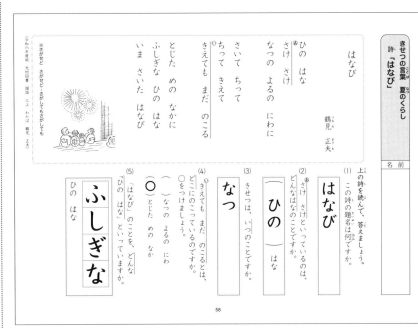

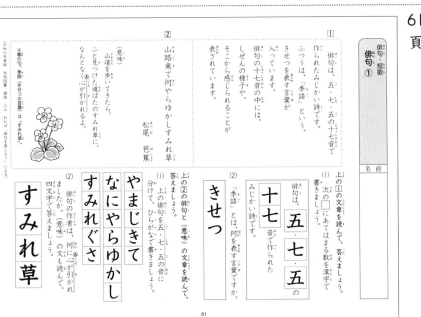

※児童に取り組ませる前に、必ず先生が問題を解いてください。本書の解答や指導にあたっては、あくまで１つの例です。児童の多様な考えに寄り添って、◯つけをお願いします。

解答例

※ワークシートと解答例は、学習する児童の実態にあわせて拡大してお使いください。

58頁

きせつの言葉　夏のくらし　詩「はなび」

名前

はなび

鶴見　正夫

ひの　はな
(あ)さけ　さけ
なつの　よるの　にわに
さいて　ちって
ちって　きえて
(い)きえても　まだ　のこる
とじた　めの　なかに
ふしぎな　ひの　はな
いま　さいた　はなび

※さがせど　さがせど…さがしてもさがしても

（令和六年度版　光村図書　国語　三上　わかば　鶴見　正夫）

上の詩を読んで、答えましょう。

(1) この詩の題名は何ですか。
はなび

(2) (あ)さけ　さけといっているのは、どんなはなのことですか。
（ひの）はな

(3) きせつは、いつのことですか。
なつ

(4) (い)きえても　まだ　のこるとは、どこにのこっているのですか。○をつけましょう。
（　）なつの　よるの　にわ
（○）とじた　めの　なか

(5) 「はなび」のことを、どんな「ひの　はな」といっていますか。
ふしぎな　ひの　はな

59頁

きせつの言葉　秋のくらし　「虫の声」

名前

虫の声

（文部省唱歌）

あれ松虫が　鳴いている
ちんちろ　ちんちろ　ちんちろりん
あれ鈴虫も　鳴き出した
りんりんりんりん　りいんりん
秋の夜長を　鳴き通す
ああおもしろい　虫の声

（令和六年度版　光村図書　国語　三下　あおぞら「秋のくらし」による）

上の歌を読んで、答えましょう。

(1) 松虫はどのように鳴きますか。歌の中から書き出しましょう。
ちんちろ　ちんちろ　ちんちろりん

(2) 鈴虫はどのように鳴きますか。歌の中から書き出しましょう。
りんりんりんりん　りいんりん

(3) 虫が鳴き通すのは、いつのことですか。歌の中の言葉四文字で答えましょう。
秋の夜長

(4) 虫の声のことをどのように思っていますか。歌の中の言葉で書き出しましょう。
ああ（おもしろい）

60頁

きせつの言葉　冬のくらし　詩「ゆき」

名前

ゆき

川崎　洋

(あ)はつゆき　ふった
こなゆき　だった
くつの下で　きゅっきゅとないた
(い)どかゆき　ふった
のしのし　ふって
ずんずん　つもり
ねゆきに　なった
べたゆき　ふって
ぼたゆき　ふって
ざらめゆきに　なって
(う)もうすぐ　春だ

※どかゆき…短い時間にたくさんふる雪。
※ねゆき…ふりつもって、春までとけずにのこっている雪。
※ぼたゆき…ぼたんゆきのこと。ボタンの花びらのような大きめの雪。
※ざらめゆき…春先に見られる、ざらめ（つぶが少し大きなさとう）のような大つぶの雪。

（令和六年度版　光村図書　国語　三下　あおぞら　川崎　洋）

上の詩を読んで、答えましょう。

(1) この詩の題名は何ですか。
ゆき

(2) いつのきせつのことですか。一つに○をつけましょう。
（　）春　（　）夏　（　）秋　（○）冬

(3) (あ)はつゆきは、どんなゆきでしたか。
（こな）ゆき

(4) (い)どかゆきは、どんなゆきになりましたか。
（ね）ゆき

(5) (う)もうすぐ春になる前に、どんなゆきがふりましたか。じゅんばんに書きましょう
（べた）ゆき
（ぼた）ゆき
（ざらめ）ゆき

61頁

俳句・短歌　俳句①

名前

1

俳句は、五・七・五の十七音で作られたみじかい詩です。
ふつうは、「季語」という、きせつを表す言葉が入っています。
俳句の十七音の中には、しぜんの様子や、そこから感じられることが表されています。

2

山路来て何やらゆかしすみれ草

松尾　芭蕉

（意味）
山道を歩いてきたら、ふと見つけた道ばたのすみれ草に、なんとなく(あ)心が引かれるよ。

※春の句。季語（きせつの言葉）は「すみれ草」。

（令和六年度版　光村図書　国語　三上　わかば「俳句を楽しもう」による）

上の1の文章を読んで、答えましょう。

(1) 次の□にあてはまる数を漢字で書きましょう。
俳句は、五・七・五の十七音で作られたみじかい詩です。

(2) 「季語」とは、何を表す言葉ですか。
きせつ

上の2の俳句と（意味）の文章を読んで、答えましょう。

(1) 上の俳句を五・七・五の音に分けて、ひらがなで書きましょう。
やまじきて
なにやらゆかし
すみれぐさ

(2) 俳句の作者は、何に(あ)心が引かれましたか。（意味）の文も読んで、四文字で答えましょう。
すみれ草

解答例

※ワークシートと解答例は、学習する児童の実態にあわせて拡大してお使いください。

62頁

俳句・短歌
俳句②

名前

㋐雪とけて村いっぱいの子どもかな　小林　一茶

（意味）
雪がとけて、子どもたちが
いっせいに外に出てきて、
村中にあふれかえっているよ。

※春の句。季語（きせつの言葉）は「雪どけ」。

（令和六年度版　光村図書　国語　三上　わかば「俳句を楽しもう」による）

上の俳句と（意味）の文章を読んで、答えましょう。

(1) 上の俳句を五・七・五の音に分けて、ひらがなで書きましょう。

ゆきとけて
むらいっぱいの
こどもかな

(2) ㋐雪とけてとは、いつのころのことですか。一つに○をつけましょう。

（○）春がおわったころ
（　）春が来たころ
（　）冬が来たころ

(3) 村中に何があふれかえっているのですか。俳句の中の言葉三文字で答えましょう。

子ども

63頁

俳句・短歌
俳句③

名前

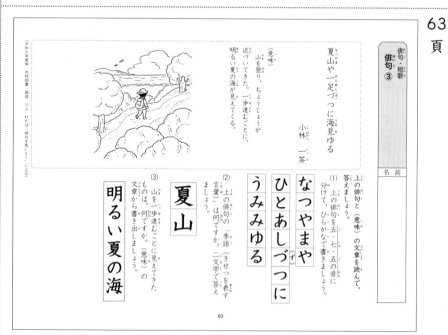

夏山や一足づつに海見ゆる　小林　一茶

（意味）
山を登り、ちょうじょうが
近づいてきた。一歩進むごとに、
明るい夏の海が見えてくる。

（令和六年度版　光村図書　国語　三上　わかば「俳句を楽しもう」による）

上の俳句と（意味）の文章を読んで、答えましょう。

(1) 上の俳句を五・七・五の音に分けて、ひらがなで書きましょう。

なつやまや
ひとあしづつに
うみみゆる

(2) 上の俳句の「季語（きせつを表す言葉）」は何ですか。二文字で答えましょう。

夏山

(3) 山を一歩進むごとに見えてきたものは、何ですか。（意味）の文章から書き出しましょう。

明るい夏の海

64頁

俳句・短歌
俳句④

名前

鶯のあかるき声や竹の奥　和田　希因

（意味）
竹林のおくのほうから、
うぐいすの明るく鳴く声が
聞こえてくるよ。

※春の句。

（令和六年度版　東京書籍　新編　新しい国語　三下「俳句に親しもう」による）

上の俳句と（意味）の文章を読んで、答えましょう。

(1) 上の俳句を五・七・五の音に分けて、ひらがなで書きましょう。

うぐいすの
あかるきこえや
たけのおく

(2) 上の俳句の「季語（きせつを表す言葉）」は何ですか。きせつを感じる生き物の名前を（意味）の文章の言葉四文字で答えましょう。

うぐいす

(3) うぐいすの鳴く声は、どこから聞こえてきますか。（意味）の文章から書き出しましょう。

（竹林のおく）のほう

65頁

俳句・短歌
俳句⑤

名前

㋔をりとりてはらりとおもきすすきかな　飯田　蛇笏

（意味）
すすきをおり取ると、
ゆたかな穂がはらりとたれ、
思いがけず㋐そのおもみを
手に感じることだ。

※秋の句。季語（きせつの言葉）は「すすき」。

（令和六年度版　東京書籍　新編　新しい国語　三下「俳句に親しもう」による）

上の俳句と（意味）の文章を読んで、答えましょう。

(1) 上の俳句を五・七・五の音に分けて、ひらがなで書きましょう。

（お）をりとりて
はらりとおもき
すすきかな

(2) おり取ったものは何ですか。

すすき

(3) ㋐そのおもみを手に感じるとありますが、俳句の作者は、何のおもみを感じたのですか。○をつけましょう。

（　）すすきのはっぱのおもみ
（○）すすきのゆたかな穂のおもみ

解答例

※ワークシートと解答例は、学習する児童の実態にあわせて拡大してお使いください。

※児童に取り組ませる前に、必ず先生が問題を解いてください。本書の解答や指導にあたっては、あくまで１つの例です。児童の多様な考えに寄り添って、○つけをお願いします。

66頁

俳句・短歌
俳句⑥

名前

あいくたびも雪の深さを尋ねけり
正岡　子規

（意味）
ねたきりの自分は、
雪の様子を見ることができない。
つい、何度も家の人に、
い雪がどれくらいつもったかと
たずねているよ。

※冬の句。

（令和六年度版　東京書籍　新編　新しい国語　三下「俳句に親しもう」による）

上の俳句と（意味）の文章を読んで、答えましょう。

(1) 上の俳句を五・七・五の音に分けて、ひらがなで書きましょう。

いくたびも
ゆきのふかさを
たずねけり

(2) あいくたびもとは、（意味）の文章では、何と書いてありますか。

何度も

(3) いたずねているのは、だれですか。○をつけましょう。

（○）ねたきりの自分
（　）家の人

(4) 何をいたずねているのですか。俳句の中の言葉四文字で答えましょう。

雪の深さ

67頁

俳句・短歌
俳句⑦

名前

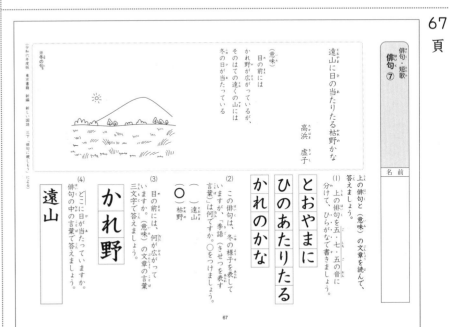

遠山に日の当たりたる枯野かな
高浜　虚子

（意味）
目の前には
かれ野が広がっているが、
そのはての遠くの山には
冬の日が当たっている

※冬の句。

（令和六年度版　東京書籍　新編　新しい国語　三下「俳句に親しもう」による）

上の俳句と（意味）の文章を読んで、答えましょう。

(1) 上の俳句を五・七・五の音に分けて、ひらがなで書きましょう。

とおやまに
ひのあたりたる
かれのかな

(2) この俳句は、冬の様子を表していますが、「季語（きせつを表す言葉）」は何ですか。○をつけましょう。

（　）遠山
（○）枯野

(3) 目の前には、何が広がっていますか。（意味）の文章の言葉三文字で答えましょう。

かれ野

(4) どこに日が当たっていますか。俳句の中の言葉で答えましょう。

遠山

68頁

俳句・短歌
短歌①

名前

1
短歌は、五・七・五・七・七の三十一音で作られた短い詩です。
短歌の三十一音の中には、
しぜんの様子や、
そこから感じられること、
心に思ういろいろなことなどが
表されています。

2
あむしのねも　のこりすくなに
なりにけり
いよなよなかぜの　さむくしなれば
良寛

（意味）
虫の鳴き声もあまり聞こえなく
なってきたなあ。
夜ごとにふく風が寒くなるので。

（令和六年度版　光村図書　国語　三下　あおぞら「短歌を楽しもう」による）

(1) 上の1の文章を読んで、答えましょう。
次の□にあてはまる数を漢字で書きましょう。

短歌は、五・七・五・七・七の三十一音で作られた短い詩です。

上の2の短歌と（意味）の文章を読んで、答えましょう

(1) 短歌の作者の名前は何ですか。ひらがなで書きましょう。

りょうかん

(2) 季節はいつごろですか。○をつけましょう。

（　）夏のはじめ
（○）秋のおわり

(3) あむしのねとは、何ですか。（意味）の文章の言葉五文字で答えましょう。

虫の鳴き声

(4) いよなよなかぜとは、どのような風のことですか。（意味）の文章の言葉から書き出しましょう。

夜ごとにふく風

69頁

俳句・短歌
短歌②

名前

秋風の吹きにし日より音羽山
あ峰のこずゑも色づきにけり
紀　貫之

（意味）
秋風がふき始めたその日から、
音羽山のちょうじょうでは、
い木のえだの先も
色づき始めていたのだなあ。

（令和六年度版　光村図書　国語　三下　あおぞら「短歌を楽しもう」による）

上の短歌と（意味）の文章を読んで、答えましょう

(1) 上の短歌を五・七・五・七・七の音に分けて、ひらがなで書きましょう。

あきかぜの
ふきにしひより
おとわやま
みねのこずえも
いろづきにけり

(2) あ峰とは、山のどんなところのことですか。（意味）の文章の言葉六文字で答えましょう。

ちょうじょう

(3) 木のえだの先のことを短歌では何とよんでいますか。

こずゑ

(4) い木のえだの先も色づき始めていたとありますが、木のえだの先はどのように色づき始めているのですか。一つに○をつけましょう。

（　）秋もおわって、茶色くなってかれてきている。
（○）秋になって、すっかり紅葉している。
（　）春がすぎて、緑が美しくなっている。

解答例

※ワークシートと解答例は、学習する児童の実態にあわせて拡大してお使いください。

70頁

せつめい文
文様

名前

1

あ

② あの文様は、「つるかめ」といわれるものの一つです。かめのこうらのような形の中に、つるとかめがいます。つるは千年、かめは万年生きるという言いつたえがあります。元気で長生きをすることをねがう文様です。

2

い

③ いの文様は、「かりがね」といいます。わたり鳥のかりがとぶ様子を表しています。かりは、遠くからよい知らせをはこんでくれる鳥だといわれてきました。しあわせがやって来ることをねがう文様です。

（令和六年度版　光村図書　国語　三上　わかば　熊谷　博人）

1 の文章を読んで、答えましょう。

(1) あの文様は、何といわれる文様の一つですか。

つるかめ

(2) どんな言いつたえがありますか。

つるは（千年）、かめは（万年）生きる

(3) あの文様は、どんなことをねがう文様ですか。

元気で長生きをすることをねがう文様

2 の文章を読んで、答えましょう。

(1) いの文様は、何がどうする様子を表していますか。

わたり鳥のかりがとぶ様子

(2) 「かりがね」の文様は、どんなことをねがう文様ですか。

しあわせがやって来ることをねがう文様

71頁

せつめい文
鳥になったきょうりゅうの話 ①

名前

1

あなたは、きょうりゅうの化石を見たことがありますか。
はくぶつ館などにあるきょうりゅうのほねの化石を見ると、わたしたちは、その大きさにびっくりさせられます。
あこんなに大きな生き物たちが、本当にいたのです。

2

きょうりゅうがすんでいたのは、ずうっとずうっと大昔のことです。そのころの地球はとてもあたたかくて、きょうりゅうたちにとってはくらしやすい所だったのです。

（令和六年度版　光村図書　国語　三上　わかば　大島　英太郎）

1 の文章を読んで、答えましょう。

(1) きょうりゅうのほねの化石を見ると、どんなことにびっくりさせられますか。

化石の（大きさ）

(2) あこんなに大きな生き物たちと同じものを表す言葉を文中から見つけて、六文字で答えましょう。

きょうりゅう

2 の文章を読んで、答えましょう。

(1) きょうりゅうがすんでいたのは、いつのことですか。

（ずうっとずうっと大昔）のこと。

(2) きょうりゅうがすんでいたころの地球はどんな所でしたか。

とても（あたたかく）て、きょうりゅうたちにとっては（くらしやすい）所

72頁

せつめい文
鳥になったきょうりゅうの話 ②

名前

1

きょうりゅうには、植物を食べるものや、ほかのきょうりゅうをおそって食べる肉食のものなど、あいろいろなしゅるいがいました。
い見た目もさまざまで、体がかたいうろこにおおわれているものもいれば、ふさふさとした羽毛が生えているもの、そのりょうほうをもつものもいました。

2

ところで、きょうりゅうは、みな大きかったわけではありません。なかには、ねこや犬ぐらいの大きさのきょうりゅうもいて、すばやく走り回りながら、とかげやねずみににた動物などをつかまえて食べていました。これらのう小さなきょうりゅうたちにも、羽毛が生えているものがいました。

※羽毛…鳥の体に生えている、やわらかくてかるい羽。

（令和六年度版　光村図書　国語　三上　わかば　大島　英太郎）

上の1・2の文章を読んで、答えましょう。

1

(1) あいろいろなしゅるいとありますが、きょうりゅうには、どんなものがいましたか。二つ書きましょう。

（植物を食べる）もの

ほかのきょうりゅうを（おそって食べる肉食）のもの

(2) い見た目もさまざまとありますが、きょうりゅうにはどんな見た目のものがいましたか。あてはまるもの三つに○をつけましょう。

（○）体がかたいうろこにおおわれているもの

（○）ふさふさとした羽毛が生えているもの

（　）うろこも羽毛もないもの

（○）うろこも羽毛もあるもの

2

(1) う小さなきょうりゅうたちは、どんな動物ぐらいの大きさでしたか。

（ねこ）や（犬）ぐらい。

(2) う小さなきょうりゅうたちは、どのようなものをつかまえて食べていましたか。

（とかげ）や（ねずみ）ににた動物

73頁

せつめい文
鳥になったきょうりゅうの話 ③

名前

1

［小さなきょうりゅうたちにも、羽毛が生えているものがいました。］

やがてそれらの中に、木の上でくらすものがあらわれました。木の上なら、地面の上とちがっててきにおそわれることも少ないし、えさとなる虫などもたくさんいたからです。

2

あこれらのきょうりゅうは、体がかるかったので、手あしをバタバタと動かして木に登ることができました。
木の上で生活を始めたきょうりゅうたちのしそんは、とても長い年月がたつうちに、木から木へととびうつってくらすようになりました。

（令和六年度版　光村図書　国語　三上　わかば　大島　英太郎）

1 の文章を読んで、答えましょう。

(1) 小さなきょうりゅうたちの中に、どこでくらすものがあらわれましたか。

木の上

(2) 木の上でくらすと、どんなよいことがありますか。二つ書きましょう。

（地面）の上とちがって（てきにおそわれる）ことが少ないこと。

（えさ）となる（虫）などもたくさんいたこと。

2 の文章を読んで、答えましょう。

(1) あこれらのきょうりゅうにあてはまる方に○をつけましょう。

（○）木の上でくらすきょうりゅう

（　）地面の上でくらすきょうりゅう

(2) あこれらのきょうりゅうが、木に登ることができたのはなぜですか。

体が（かるかった）ので。

(3) 木の上で生活を始めたきょうりゅうたちのしそんは、やがてどのようになりましたか。

木から木へと（とびうつって）くらすようになりました。

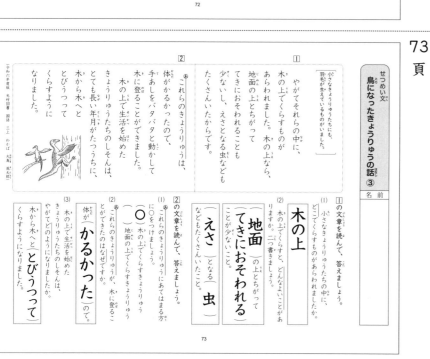

解答例

※ワークシートと解答例は、学習する児童の実態にあわせて拡大してお使いください。

※児童に取り組ませる前に、必ず先生が問題を解いてください。本書の解答や指導にあたっては、あくまで１つの例です。児童の多様な考えに寄り添って、○つけをお願いします。

74頁

せつめい文
「給食だより」を読みくらべよう

名前

たより①

しっかりと野菜を食べよう

給食で出した野菜が毎日のこっています。わたしたちは、みなさんに、しっかりと野菜を食べてほしいと思っています。なぜなら、野菜には、大切なえいようがあるからです。

たとえば、夏の野菜であるトマトには、ビタミンというものがふくまれています。このビタミンは、体の調子をととのえるのに、なくてはならないものです。同じ夏の野菜であるキュウリには、カリウムというものがふくまれています。これは、体の中の水分を調節するはたらきをするものです。

このほか、トマトやキュウリには水分も多くふくまれているので、あせをかく暑いときに食べるのに、ちょうどよい野菜です。

たより②

しっかりと野菜を食べよう

給食で出した野菜が毎日のこっています。わたしたちは、みなさんに、しっかりと野菜を食べてほしいと思っています。なぜなら、育てている人たちのあいじょうがこめられた野菜をのこすのは、もったいないことだからです。

たとえば、夏の野菜であるトマトを作るためには、「わきめかき」という作業がいります。わきめとは、えだと葉の間から生えてくるめのことで、トマトの実を大きく育てるためには、このわきめをつみとらなければなりません。わきめかきは、一つ一つ手作業で行うのでとてもたいへんな作業ですが、トマトをおいしく食べてもらうために、あいじょうをこめて行っているのです。

（令和六年度版　東京書籍　新編　新しい国語　三上「『給食だより』を読みくらべよう」による）

上の「たより①」と「たより②」の文章を読みくらべて、答えましょう。

(1) 「たより①」「たより②」の文の題名は何ですか。

しっかりと野菜を食べよう

(2) 「たより①」を読んで、（　）にあてはまる言葉を書きましょう。

夏の野菜であるトマトには、（ビタミン）というものがふくまれています。

(3) 「たより②」を読んで、（　）にあてはまる言葉を書きましょう。

夏の野菜であるトマトを作るためには、「（わきめかき）」という作業がいります。

(4) 次の内ようは、どちらのたよりに書かれていますか。たより①には①、たより②には②と書きましょう。

（①）野菜には、大切なえいようがあること。

（②）野菜をのこすのは、もったいないということ。

（①）夏の野菜は、あせをかく暑いときに食べるとよいということ。

（②）野菜を育てる作業はたいへんだということ。

74

75頁

せつめい文
ジャイアンとぼく

名前

[1]

たとえば、おしばいの練習で、ほかの人にたいして

「そこがだめなんだよ。直してほしい。」

という言い方はぜったいしない。

「今の演技、とてもよかったよ。でも、こうしてみたら、もっとよくなるんじゃない？」

と、前向きな言葉で声をかける。きれいな言葉を使うことで、聞き手の気持ちも大きくかわってくるとしんじているからだ。

[2]

そう心がけているのには、ほかにもわけがある。それは、ジャイアンというキャラクターや、「ドラえもん」という作品を未来にのこしていかなければいけないと思うからだ。ジャイアンの声優になるという、人生をかけたミッションが始まったその日から、ぼく自身が口にする言葉、かかわるもの、歩き方をふくめて、一挙手一投足、気をつけなければいけないと思って、生きている。

いつか、「ドラえもん」を、ジャイアンの声優を、次の世だいの人たちに引きつぐために。

（令和六年度版　東京書籍　新編　新しい国語　三上　木村　昴）

[1]の文章を読んで、答えましょう。

(1) おしばいの練習で、ほかの人にたいしてぜったいしない言い方を文中から書き出しましょう。

「（そこがだめなんだよ。）（直してほしい。）」

(2) 聞き手の気持ちが大きくかわってくるのは、どのような言葉ですか。二つ書きましょう。

※順不同

（前向き）な言葉

（きれい）な言葉

[2]の文章を読んで、答えましょう。

(1) 未来にのこしていかなければいけないと「ぼく」が思うものはどんなものですか。二つ書きましょう。

（ジャイアン）というキャラクター

「（ドラえもん）」という作品

(2) 「ぼく」が、人生をかけたミッションとは、どんなことでしょうか。（習っていない漢字は、ひらがなで書きましょう。）

（ジャイアン）の（声優）になるということ。

75

76頁

せつめい文
せっちゃくざいの今と昔①

名前

[1]

さて、今使われているせっちゃくざいの多くは、工場で作られていますが、わたしたちは昔から、自然にあるざいりょうを使って、せっちゃくざいを作ってきました。その中には、料理に使うようなざいりょうから作ったものもありました。

[2]

その一つが、米から作るのりです。たいた米をへらですりつぶし、水をまぜてよく練っていくと、のりができあがります。八十年くらい前までは、そうやって家でのりを作り、ふうとうのふたをとじたりしょうじをはりかえたりするのに使っていました。

※せっちゃくざい…のりのように物と物とをくっつけるはたらきをするもの。

（令和六年度版　東京書籍　新編　新しい国語　三下　早川　典子）

上の[1]・[2]の文章を読んで、答えましょう。

[1]

(1) 今使われているせっちゃくざいの多くは、どこで作られていますか。

工場

(2) わたしたちは昔から、どのようなざいりょうを使って、せっちゃくざいを作ってきましたか。（習っていない漢字は、ひらがなで書きましょう。）

（自然）にあるざいりょう。その中には、（料理に使う）ようなざいりょうもあった。

[2]

(1) どんなのりについて書かれていますか。

（米から作る）のり

(2) どうすると、のりができあがりますか。

たいた（米）を（へら）ですりつぶし、（水）をまぜてよく練っていく。

(3) 家で作ったのりを、どのようにするのに使っていましたか。

（ふうとうのふたをとじ）たり（しょうじをはりかえ）たりするのに使っていました。

76

77頁

せつめい文
せっちゃくざいの今と昔②

名前

[1]

もう一つが、「にかわ」です。にかわは、動物のほねや皮を長い時間にた後に、にたしるをかわかしてかためて作ります。

[2]

使うときには、使う分のにかわを水に入れ、火にかけてとかして使います。にかわは、家具や楽器を作るときや、絵の具を作るときに使われてきました。

[3]

にかわは食べ物ではありませんが、料理に使うゼラチンは、にかわと同じように動物のほねや皮から作られたものです。

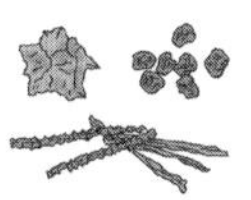

さまざまな形のにかわ

（令和六年度版　東京書籍　新編　新しい国語　三下　早川　典子）

上の[1]～[3]の文章を読んで、答えましょう。

[1]

(1) 「にかわ」は、何をにて作りますか。

動物のほねや皮

(2) 「にかわ」を作るときのじゅんになるように（　）に番号を書きましょう。

（1）ざいりょうを長時間にる。

（3）かためる。

（2）にたしるをかわかす。

[2]

(1) 「にかわ」を使うときのじゅんになるように（　）に番号を書きましょう。

（2）火にかけてとかす。

（1）水に入れる。

(2) 「にかわ」は、どのようなものを作るときに使われますか。三つ書きましょう。（習っていない漢字は、ひらがなで書きましょう。）

※順不同

家具

楽器

絵の具

[3]

(1) ゼラチンのざいりょうは何ですか。

動物のほねや皮

(2) 次の文で、正しいもの二つに○をつけましょう。

（　）ゼラチンは食べられません。

（○）にかわは食べ物ではありません。

（○）にかわと同じざいりょうから作られたゼラチンは料理に使います。

77

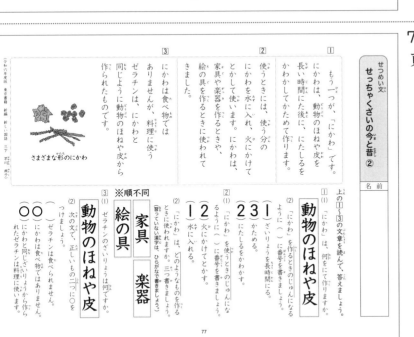

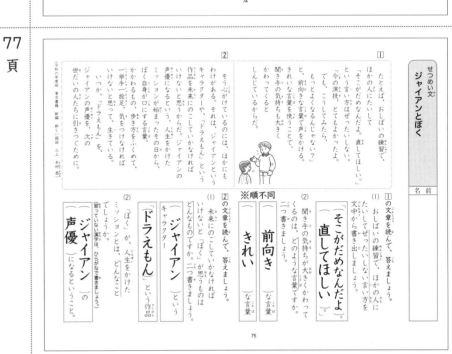

解答例

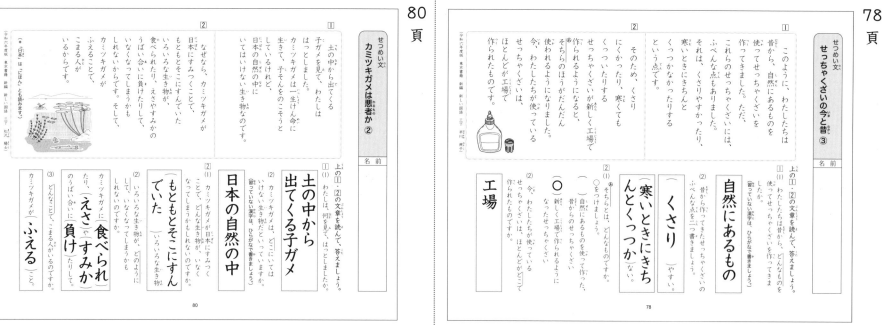

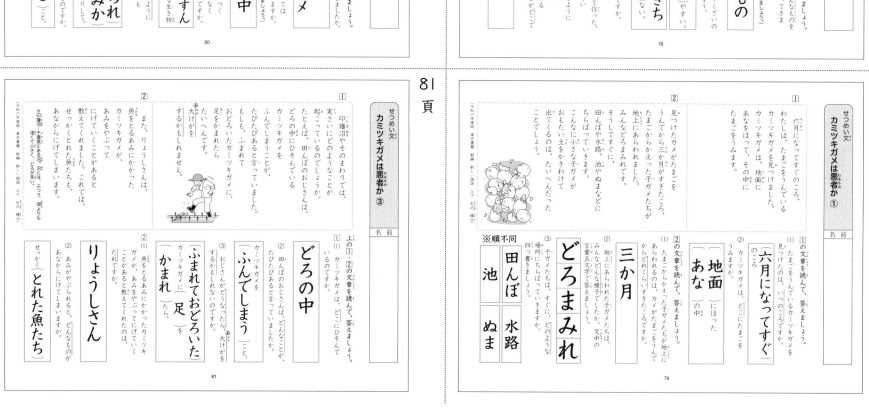

※ワークシートと解答例は、学習する児童の実態にあわせて拡大してお使いください。

※児童に取り組ませる前に、必ず先生が問題を解いてください。本書の解答や指導にあたっては、あくまで１つの例です。児童の多様な考えに寄り添って、○つけをお願いします。

78 頁

せつめい文

せっちゃくざいの今と昔 ③

名前

1

このように、わたしたちは昔から、自然にあるものを使ってせっちゃくざいを作ってきました。ただ、これらのせっちゃくざいには、ふべんな点もありました。それは、くさりやすかったり、寒いときにきちんとくっつかなかったりするという点です。

2

そのため、くさりにくかったり、寒くてもくっついたりするせっちゃくざいが新しく工場で作られるようになると、㋐そちらのほうがだんだん使われるようになりました。今、わたしたちが使っているせっちゃくざいは、ほとんどが工場で作られたものです。

（令和六年度版　東京書籍　新編　新しい国語　三下　早川　典子）

上の1・2の文章を読んで、答えましょう。

1 (1) わたしたちは昔から、どんなものを使ってせっちゃくざいを作ってきましたか。（習っていない漢字は、ひらがなで書きましょう。）

自然にあるもの

(2) 昔から作ってきたせっちゃくざいのふべんな点を二つ書きましょう。

（くさり）やすい。

（寒いときにきちんとくっつか）ない。

2 (1) ㋐そちらとは、どんなものですか。○をつけましょう。

（　）自然にあるものを使って作った、昔からのせっちゃくざい

（○）新しく工場で作られるようになったせっちゃくざい

(2) 今、わたしたちが使っているせっちゃくざいは、ほとんどがどこで作られたものですか。

工場

79 頁

せつめい文

カミツキガメは悪者か ①

名前

1

六月になってすぐのころ、わたしは、たまごをうんでいるカミツキガメを見つけました。カミツキガメは、地面にあなをほって、その中にたまごをうみます。

2

見つけたカメがたまごをうんでから三か月がすぎたころ、たまごからかえった子ガメたちが地上にあらわれました。みんなどろまみれです。そうしてすぐに、田んぼや水路、池やぬまなどにちらばっていきます。こんなに小さな子ガメがおもたい土をかきわけて出てくるのは、たいへんだったことでしょう。

（令和六年度版　東京書籍　新編　新しい国語　三下　松沢　陽士）

1の文章を読んで、答えましょう。

(1) たまごをうんでいるカミツキガメを見つけたのは、いつのころですか。

（六月になってすぐ）のころ

(2) カミツキガメは、どこにたまごをうみますか。

（地面）にほった（あな）の中

2の文章を読んで、答えましょう。

(1) たまごからかえった子ガメたちが地上にあらわれるのは、カメがたまごをうんでからどれくらいすぎたころですか。

三か月

(2) 地上にあらわれた子ガメたちは、みんなどんな様子でしたか。文中の言葉五文字で答えましょう。

どろまみれ

(3) 子ガメたちは、すぐに、どのような場所にちらばっていきますか。四つ書きましょう。

※順不同

田んぼ　水路　池　ぬま

80 頁

せつめい文

カミツキガメは悪者か ②

名前

1

土の中から出てくる子ガメを見て、わたしははっとしました。カミツキガメは一生けん命に生きて、子そんをのこそうとしているけれど、日本の自然の中にいてはいけない生き物なのです。

2

なぜなら、カミツキガメが日本にすみつくことで、もともとそこにすんでいたいろいろな生き物が、食べられたり、えさやすみかのうばい合いに負けたりして、いなくなってしまうかもしれないからです。そして、カミツキガメがふえることで、こまる人がいるからです。

（＊「日本」は「にほん」とも読みます。）

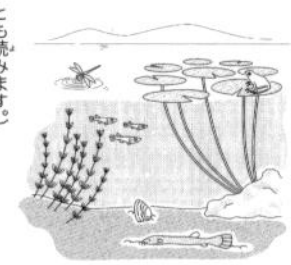

（令和六年度版　東京書籍　新編　新しい国語　三下　松沢　陽士）

上の1・2の文章を読んで、答えましょう。

1 (1) わたしは、何を見て、はっとしましたか。

土の中から出てくる子ガメ

(2) カミツキガメは、どこにいてはいけない生き物だといっていますか。（習っていない漢字は、ひらがなで書きましょう。）

日本の自然の中

2 (1) カミツキガメが日本にすみつくことで、どんな生き物が、いなくなってしまうかもしれないのですか。

（もともとそこにすんでいた）いろいろな生き物

(2) いろいろな生き物が、どのようにして、いなくなってしまうかもしれないのですか。

カミツキガメに（食べられ）たり、（えさ）や（すみか）のうばい合いに（負け）たりして。

(3) どんなことで、こまる人がいるのですか。

カミツキガメが（ふえる）こと。

81 頁

せつめい文

カミツキガメは悪者か ③

名前

1

印旛沼やそのまわりでは、実さいにどのようなことが起こっているのでしょうか。たとえば、田んぼのおじさんは、どろの中にひそんでいるカミツキガメをふんでしまうことが、たびたびあると言っていました。もしも、ふまれておどろいたカミツキガメに、足をかまれたらたいへんです。㋐大けがをするかもしれません。

2

また、りょうしさんは、魚をとるあみにかかったカミツキガメが、あみをやぶってにげていくことがあると教えてくれました。これでは、せっかくとれた魚たちも、あなからにげてしまいます。

※印旛沼…千葉県にある沼。沼とは、ふつう、湖よりも浅くて小さく、どろが多い。

（令和六年度版　東京書籍　新編　新しい国語　三下　松沢　陽士）

上の1・2の文章を読んで、答えましょう。

1 (1) カミツキガメは、どこにひそんでいるのですか。

どろの中

(2) 田んぼのおじさんは、どんなことが、たびたびあると言っていましたか。

カミツキガメを（ふんでしまう）こと。

(3) おじさんがどうなったら、㋐大けがをするかもしれないのですか。

カミツキガメに（足）を（ふまれておどろいた）（かまれ）たら。

2 (1) 魚をとるあみにかかったカミツキガメが、あみをやぶってにげていくことがあると教えてくれたのは、だれですか。

りょうしさん

(2) あみがやぶられると、どんなものがあなからにげてしまいますか。

せっかく（とれた魚たち）

※児童に取り組ませる前に、必ず先生が問題を解いてください。本書の解答や指導にあたっては、あくまで１つの例です。児童の多様な考えに寄り添って、○つけをお願いします。

解答例

※ワークシートと解答例は、学習する児童の実態にあわせて拡大してお使いください。

82頁

せつめい文
カミツキガメは悪者か ④

名前

1
このようなことをふせぎ、カミツキガメのひがいを少しでもへらそうと、印旛沼やそのまわりでは、たくさんの人たちがカミツキガメをつかまえて、取りのぞいています。もし、カミツキガメをそのまま放っておけば、やがて印旛沼のまわりの水べはカミツキガメだらけになってしまうからです。

2
なぜ印旛沼のまわりでは、カミツキガメがふえてしまったのでしょうか。それは、ペットにするために外国からつれてきたカミツキガメを、人が放してしまったからです。さらに、印旛沼には、大きくなったカミツキガメをおそうような生き物がいません。これでは、カミツキガメが㋐ふえるのもとうぜんです。

（令和六年度版　東京書籍　新編　新しい国語　三下　松沢　陽士）

上の1・2の文章を読んで、答えましょう。

1 (1) カミツキガメのひがいを少しでもへらすために、たくさんの人たちがどのようにしていますか。

カミツキガメを（**つかまえ**）て（**取りのぞいて**）います。

(2) カミツキガメをそのまま放っておけば、やがて印旛沼のまわりの水べはどうなってしまいますか。

（**カミツキガメだらけ**）になってしまう。

2 (1) ㋐とうぜんと同じ意味を表す言葉に○をつけましょう。

（　）おどろき　（**○**）あたりまえ

(2) なぜ印旛沼のまわりでは、カミツキガメがふえてしまったのですか。理由を二つ書きましょう。

（**ペット**）にするために（**外国からつれてきた**）カミツキガメを、人が（**放してしまった**）から。

印旛沼には、（**大きくなった**）カミツキガメを（**おそう**）ような生き物がいないから。

83頁

せつめい文
カミツキガメは悪者か ⑤

名前

1
かっている生き物を、自然の中に放せば、その生き物が幸せになれると思う人もいるかもしれません。でも、㋐それはまちがっています。㋑そこにいなかった生き物が自然の中でふえ、もともといた生き物や人の生活にえいきょうが出るようなことになれば、その生き物は、自然の中から取りのぞかなければならなくなるからです。

2
カミツキガメもそうした生き物の一つです。日本の自然の中にいてはいけない生き物として、取りのぞかれていくカミツキガメ。そんなカミツキガメが幸せではないことは、きっとだれにでも分かるはずです。

3
カミツキガメのような悲しい生き物をふやさないためには、どうすればよいのか。わたしたち一人一人が、生き物をかうときのせきにんとルールについて考えなければなりません。

（＊「日本」は「にほん」とも読みます。）

（令和六年度版　東京書籍　新編　新しい国語　三下　松沢　陽士）

上の1〜3の文章を読んで、答えましょう。

1 (1) ㋐それとは、どんな考えのことをいっていますか。
（習っていない漢字は、ひらがなで書きましょう。）

かっている生き物を、（**自然の中**）に放せば、その生き物が（**幸せになれる**）という考え

(2) ㋑そこにいなかった生き物が自然の中でふえて、どのようなことになると、その生き物は、自然の中から取りのぞかれていくのですか。

（**もともといた**）生き物や人の生活に（**えいきょう**）が出るようなこと。

2 カミツキガメは、日本の自然の中では、どんな生き物だといっていますか。

日本の自然の中に（**いてはいけない**）生き物

3 悲しい生き物をふやさないために、どんなことについて考えなければならないといっていますか。

生き物をかうときの（**せきにん**）と（**ルール**）について。

【本書の発行のためにご協力頂いた先生方】（敬称略）

羽田　純一	（はだ　じゅんいち）	元京都府公立小学校教諭
中村　幸成	（なかむら　ゆきなり）	元奈良教育大学附属小学校主幹教諭
新川　雄也	（しんかわ　ゆうや）	元愛媛県小学校教諭

【企画・編集】

原田　善造（はらだ　ぜんぞう）
学校図書教科書編集協力者
わかる喜び学ぶ楽しさを創造する教育研究所・著作研究責任者
元大阪府公立小学校教諭
（高槻市立芥川小学校特別支援学級教諭）

授業目的公衆送信などについての最新情報はこちらをご覧ください。

喜楽研の支援教育シリーズ
ゆっくり ていねいに 学びたい子のための
読解ワーク　ぷらす　3年

2025 年 3 月 10 日　第 1 刷発行

原稿執筆者：新川 雄也・羽田 純一・中村 幸成　他
イラスト：山口 亜耶・日向 博子・白川 えみ・浅野 順子　他
企画・編著：原田 善造（他 8 名）
編集担当：長谷川 佐知子

発行者：岸本 なおこ
発行所：喜楽研（わかる喜び学ぶ楽しさを創造する教育研究所：略称）
〒604-0854　京都府京都市中京区仁王門町 26-1　5F
TEL　075-213-7701　FAX　075-213-7706
印刷：株式会社米谷

ISBN 978-4-86277-423-1　Printed in Japan